학생 중심 수업을 위한

협력적 수업 설계

GUIDE

학생 중심 수업을 위한
협력적 수업 설계
G U I D E

1판 1쇄 발행 2022년 10월 20일
1판 2쇄 발행 2024년 6월 20일

지은이 이은상
발행인 송진아
편 집 아이핑크
디자인 로프박
제 작 제이오앨엔피
펴낸곳 푸른칠판
등 록 2018년 10월 10일(제2018-000038호)
팩 스 02-6455-5927
이메일 greenboard1@daum.net
ISBN 979-11-91638-10-3 13370

학생 중심 수업을 위한

협력적 수업 설계

GUIDE

이은상 지음

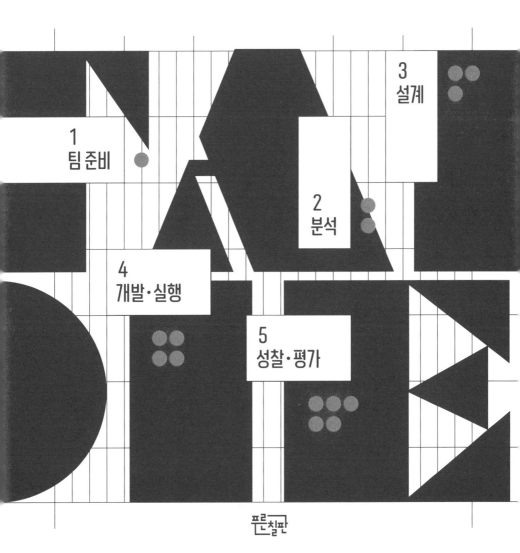

3
설계

1
팀 준비

2
분석

4
개발·실행

5
성찰·평가

푸른칠판

역량 기반 융합교육을 위한
협력적 수업 설계

미래교육에 대한 관심은 테크놀로지의 급속한 발전과 코로나19 감염병 팬데믹 시대를 지나면서 더욱 높아졌다. 미래교육의 관점에서 어떠한 교육이 필요한가에 대한 많은 대안이 제시되었다. 역량교육은 무엇을 교육하고 어떻게 배워야 하는지에 대한 미래교육의 방향을 제시하는 키워드가 되었다. 역량교육이 가리키는 방향은 일반적으로 공유되고 있는 교육의 가치와 상반되지 않는다. 역량 함양을 위해서는 전인적인 교육과 실천할 수 있는 교육이 지속적으로 반복되어 이루어져야 한다. 이를 위해서는 파편적인 지식들의 암기보다는 지식이 종합된 현상이나 문제해결 맥락 속에서 교육이 이루어져야 한다. 이 때문에 융합교육은 역량교육에서 강조하는 미래 역량을 습득하기 위한 최적의 교육 형태로 여겨진다. 융합교육은 전통적으로 STEM교육, 프로젝트 학습, 협력학습 등 다양한 학습자 중심 수업 설계 속에서 구현된다.

이러한 융합교육을 하기 위해서 어떻게 수업을 설계할 것인가? 융합교육을 위해서는 협력적인 수업 설계가 필요하다. 교직의 수업 활동은 다른 직업군에 비해 개인적이다. 한 명의 교사가 자신의 학급 또는 교과를 가르치는 장면이 보편적이다. 그러나 이제 교직에서도 STEM교육, 미래교육의 장면에서 교사 간 협력 수업의 사례가 많아지고 있다. 이러한 협력은 교사, 외부 전문가, 학부모, 학생 등 다양한 주체를 포함한다. 이 책에서는 교사 간 협력을 전제로 수업 설계 방법을 기술하였지만 다른 교육 주체 간 협력에도 확장되어 적용될 수 있을 것이다.

이 책은 수업 설계에 관한 책이다. 수업 설계란 일상적으로 하는 수업 준비 이상의 체제적이고 전문적인 활동이다. 특히 일상적인 수업 준비와 가장 다른 점은 교사 개인의 경험과 지식으로만 결정되지 않으며, 데이터 기반의 의사결정을 한다는 점이다. 이때의 데이터는 이론적이면서도 맥락적인 데이터다. 즉, 이론적인 데이터란 연구 결과가 축적되어 정리된 교수와 학습에 대한 이론이다. 이를 통해 자신의 교육적 상황을 이해하고 문제를 해결하는 쪽으로 방향을 그려 간다. 한편 자신의 수업 상황이 되는 학교 교육과정, 학생, 교실 등의 맥락적인 데이터에 대한 분석은 표준화된 정책과 일반화된 연구 결과가 어떻게 맥락화되고 통합되어야 하는지에 대한 구체적인 시사점을 준다.

이 책의 협력적 수업 설계 모형T-CID은 그간의 관련 연구 결과를 정리하여 일반 교사들이 이해하기 쉽고 사용하기 쉽게 정리한 결과

물이다. 무엇보다 저자는 미래교육과 교육 현장의 풍부한 경험으로 교사의 형편과 수요를 잘 이해하고 이를 반영하여 모형을 창출하였다. 만약 저자에게 현장의 경험이 없었다면 자세한 안내와 사례를 도출하기가 힘들었을 것이며, 이를 과학적으로 검증하지 않았다면 단순하게 한 교사의 개인 사례로 그쳤을 것이다. 이 책은 연구의 결과와 실천의 목소리가 잘 통합된 책이다.

협력적 수업 설계가 현장 교사들에게 쉽거나 익숙한 활동은 아닐 것이다. 그러나 협력적 수업 설계의 결과는 학생의 역량 향상과 교사의 수업 전문성 증진으로 보답할 것이다. 협력적 수업 설계의 경험이 없는 교사라 해도 저자의 단계별 지침을 따라 설계를 시도해 본다면 협력적 수업 설계에 필요한 구체적인 스킬과 지식을 얻게 될 것이다.

김현진(한국교원대학교 교수)

내 옆에 있는
선생님과 함께 손잡기

수업을 설계하고 실행하는 일이 예전 같지 않다. 과거의 수업에서 교사는 교과 지식을 효과적으로 전달하기 위해 수업 내용을 재구성하고 양질의 자료를 개발하는 데 많은 노력을 기울였다. 그러나 최근의 수업에서 교사는 학습자들이 지식을 바탕으로 실제적으로 행할 수 있는 역량을 개발하도록 도와야 한다. 이러한 총체성, 수행성, 맥락성 등의 특징을 가지는 역량 기반 교육을 설계하는 것은 매우 복잡한 일이다. 교사는 학습자들의 삶에서 실제적인 문제해결을 위해 주도성을 가지고 지식을 구성할 수 있도록 수업을 설계해야 한다. 그리고 교사는 학습자들이 다양한 자원을 적절히 활용하여 효과적으로 문제를 해결할 수 있도록 지원해야 한다. 또한 학습자가 교실, 학교, 지역사회 등 다양한 맥락 속에서 타인과 긍정적으로 소통하고 그들과 협업할 수 있도록 도와야 한다. 이러한 변화 속에서 교사는 끊임없는 쇄신을 요구받고 있다.

교사도 머릿속으로는 지향해야 할 교육의 방향을 어느 정도 인식하고 있지만, 지속적으로 실천하는 데에서는 여러 한계에 부딪히게 된다. 목표와 실천 사이의 차이gap가 커지는 현실에 교사는 좌절감을 느낀다. 그리고 고립과 불간섭주의의 교직 문화 속에서 많은 외로움을 겪는다. 새로운 교육적 시도를 하지만 동료와 교류하지 않고 지원받지 못함으로써 쉽게 포기하게 된다. 이런 상황이 반복되면 교사는 미래교육을 애써 외면하면서 혼란을 느끼게 된다.

이러한 어려움을 극복하기 위한 가장 효과적인 전략은 동료와의 협력이다. 같은 맥락 위에서 수업을 설계하고 실행하는 동료와의 소통과 협업은 교사가 외로움을 극복할 수 있는 유일한 대안이다. 동료 교사와 함께하는 대표적인 방법은 '협력적 수업 설계'이다. 교사가 동료와 함께 학습자들의 삶의 문제와 관련된 공통의 주제를 선정하고 지속적인 탐구와 설계가 가능한 수업을 만들어 가는 일은 무척의미 있고 설레는 일이다. 동료와 함께함으로써 수업의 설계와 실행 과정에서 부딪히는 다양한 난관들을 쉽게 극복할 수 있다. 특히 역량 기반 교육은 수업 실행 과정에서 학습자의 주도적인 활동에 초점을 두고 다양한 자원을 활용하므로 예상치 못한 변수가 많다. 이러한 변수는 동료와의 소통과 조율을 통해 하나씩 해결해 가야 한다. 이러한 협력적 문제해결 과정을 통해 교사 개인과 공동체는 함께 성장해 나갈 수 있다.

동료들과 협력적 수업 설계를 하기 위해서는 다음을 준비할 필요가 있다.

첫째, 협력적 수업 설계의 비전을 명확히 하는 일이다. 협력적 수업 설계 자체가 목적이 아닌, 이를 통해 어떤 배움을 만들 것인가를 명확히 하는 일은 무척 중요하다. 함께하는 동료 교사들이 비전에 공감할 때 지속적인 참여와 실천이 가능하다.

둘째, 비전을 달성하기 위해 구체적인 전략을 마련해야 한다. 비전이 화려하더라도 이를 달성할 수 있는 구체적인 전략이 부재한다면 실천이 어려워진다. 새로운 지적 자극을 제공하는 공부 거리, 이야기를 끌어내고 수렴할 수 있는 소통 도구, 공동체 운영을 위한 지원 방안 등을 함께 모색해야 한다.

셋째, 동료와 좋은 관계를 유지하는 일이다. 동료와 오감으로 함께 공감할 수 있는 다양한 이벤트를 계획함으로써 동료성을 이끌어 내야 한다. 좋은 관계는 수업뿐만 아니라 학교의 모든 문제를 함께 해결할 수 있는 원동력이 된다.

이러한 측면에서 이 책은 학교에서 더 나은 수업의 실천을 위해 교사 협력을 고민하는 교사에게 큰 도움이 될 것이다. 팀 준비에서부터 수업의 분석, 설계, 개발·실행, 성찰·평가 측면에서 구체적인 지침을 제공함으로써 누구나 협력적 수업 설계에 참여해 볼 수 있게 돕는다. 특히 협력적 수업 설계 과정에 관한 구체적인 예시와 선생님들의 후기는 시행착오를 줄여 협력적 환경을 조성하는 데 큰 도움이 될 것이다. 단순히 텍스트로만 나열된 연구가 아니라, 저자가 오랜 기간 동료들과 실행·성찰하면서 도출된 현장의 실천적 지식이라는 측면에서 이 책은 교사 협력을 위한 나침반이 될 수 있을 것이다.

　교사들에게 기대하는 것이 많은 시대이다. 끊임없는 요구와 변화에 혼자 맞서기보다는 내 옆에 있는 선생님과 함께 손잡음으로써 슬기롭게 극복해 나가 보자.

이동국(미래교육공감연구소 교사 연구자, 교육학 박사)

교사로서의 정체성을
다시 돌아보는 시간

학교라는 공간에는 훌륭한 선생님들이 참 많다. 각자의 자리에서 전문가로 살아가는 분들과의 만남은 나의 목마름을 채워 가는 일이었다. 이들과 함께하는 일들은 비록 힘들지언정 늘 재미와 의미가 있었다. 뒤돌아 생각해 보니, 동료들과 교육에 대해서 토론하고, 공동으로 무언가를 해결해 가는 과정 속에서 나 자신이 '교육자로서 살아 있음'을 느꼈다.

그러다 어느 순간, 나의 성장뿐만 아니라 학생들의 성장을 위해서 협력적인 학교 문화가 중요하다는 것을 깨달았다. 그 이후로는 그러한 문화를 만들기 위해 동료들과 함께 공부하고, 토론하고, 실천하는 시간을 보냈다.

이러한 관심과 노력은 자연스럽게 수업 설계 및 실행 과정에서의 협력에도 반영되었고, 내가 속한 다양한 공동체에서 소박한 실천으로 이어졌다. 그렇다고 해서 협력적 수업 설계가 수월했던 것은 아니다. 자발적으로 모인 팀이지만 협력적 수업 설계 과정에서 무엇을 고려해야 하는지, 어떤 방법과 절차로 진행해야 하는지 고민될 때가 많았다. 개별적으로는 모두가 전문가지만, 협력해야 할 장면에서는 각자의 전문성을 발휘하기가 생각보다 쉽지 않았다. 공동의 대화는 가급적 짧게, 각자의 역할 분담은 최대한 빨리 하는 것이 최고의 미덕이 되는 경우가 많았다. 오랫동안 협력적 수업 설계를 돕는 퍼실리테이터로서 전국의 선생님들을 만났지만 팀을 구성하는 단계부터 설계와 실행을 마무리하는 단계까지를 안내하는 가이드가 부족함을 실감했다.

이런 경험 탓이었는지, 덕분이었는지 결국, 협력적 수업 설계는 나의 연구 주제가 되었다. 협력에 대한 관심, 수업 설계에 대한 관심, 미래교육에 대한 관심 등이 결합되어 협력적 수업 설계 모형과 구체적인 가이드를 개발하게 된 것이다.

실제로 협력적 수업 설계를 진행하는 다양한 방법들이 존재하겠지만 이 책에서 제시한 가이드는 설계 팀이 고려해 볼 만한 내용들을 포함하고 있다. 물론, 어떤 방법과 절차로 설계를 진행할 것이냐는 팀이 선택할 몫이다.

Hargreaves가 구분한 바와 같이, 교사들은 개인적 전문성 시대를 지나 협력적 전문성 시대, 포스트모던 전문성 시대를 살아가고 있다. 학교 안팎에서는 보다 효과적인 수업, 학습자가 중심이 되는 수업, 역량 기반의 수업을 요구하고 있다. 그렇다면, 우리는 이러한 수업을 어떻게 설계할 것인가? 나는 그 해답이 교사들 간의 '협력'

에 있다고 생각한다. 즉, 협력적 수업 설계를 통해 교사들이 요구받고 있는 복잡하면서도 어려운 새 과제들을 해결할 수 있다고 본다.

학교 밖에서는 새로운 프로젝트를 설계하고 실행하는 과정에서 다양한 분야의 전문가들이 만난다. 그리고 협력한다. 개인이 할 수 없는 일을 다수가 협력적으로 수행하는 것은 자연스러운 일이다. 그러나, 학교 안에서 협력적으로 수업을 설계하고 실행하는 일은 그리 자연스러운 현상이 아니다. Lortie는 오래전 우리의 교직 문화를 달걀판에 비유한 바 있는데, 현재 상황이 나아졌다고는 하나 여전히 달걀판과 같은 모습이 일상화되어 있는 것이 사실이다.

> "그동안 감사했습니다.
> 교사로서의 정체성을 다시 돌아보게 하는 시간이었어요."

협력적 수업 설계에 참여했던 한 선생님으로부터 문자를 받았다. 협력적 수업 설계를 마무리하며 그동안 수고 많으셨다는 나의 메시지에 그 선생님은 '교사의 정체성'을 돌아보게 되었다는 답장을 보내온 것이다. 교사로 살면서 교사로서의 정체성을 다시 돌아보게 되었다는 것은 어떤 의미일까? 아마도 교사로서의 '정체성'을 세우기 어려운 구조를 탓할 수도 있을 것이다. 혹은 그 구조에 너무 익숙해진 개인의 탓으로 돌릴 수도 있을 것이다.

그렇다면, 협력적 수업 설계는 어째서 교사로서의 정체성을 다시금 생각하게 만드는 기회가 될 수 있었을까? 협력적 수업 설계는 팀 활동이다. 자신과 다른 생각과 경험을 지닌 동료들과 지속적으로 대화를 나누면서 자신의 교육철학과 신념을 되돌아보게 한다. 그리고, 의례적이고 반복적이었던 일상을 새롭게 만든다. 팀 공동의 과제를 해결하는 과정 속에서 결코 혼자서는 할 수 없었던 교육 대화들이 오고 간다. 교사로서 바쁜 일상을 살아가지만 협력적 수업 설계를 통해 평범했던 일상을 재미와 의미가 넘치는 교육 대화들로 채워 가면서 교사로서의 정체성을 '다시금' 생각해 보지 않았을까?

> "선생님들께서 협력하는 모습을 보니, 이 수업에 대한 흥미가
> 더 생겼고, 더 열심히 해야겠다고 생각했어요."

수업에 참여했던 학생들을 인터뷰하면서 꽤 많이 들었던 이야기이다. 수업의 질 외에도 선생님들의 협력 자체가 자신들에게 동기부여가 되었다는 것이다. 선생님과 학생들의 마음이 통한 것일까. 선생님들은 더 좋은 수업을 제공하기 위해 협력적 수업 설계를 했고, 학생들은 선생님들의 그 마음을 읽고, 반응했다. 이 책에서는 다루지 않았지만 협력적으로 설계된 수업에 참여한 학생들은 대체로 인지적 성취뿐만 아니라 정서적 만족감이 높았다.

협력적 수업 설계에 참여한 선생님과 학생의 이야기는 협력적 수업 설계의 효과를 나타내는 대표적인 장면이다. 그 속에는 협력적 수업 설계를 지속하게 만드는 무형의 동력이 내재되어 있다. 이 책에 소개된 협력적 수업 설계 가이드는 설계 팀이 무형의 동력을 발

휘함과 동시에 본래의 목적을 달성할 수 있도록 하는 일종의 길 안내이자 유형의 동력인 셈이다. 이러한 길 안내를 완성하기까지 많은 분들의 도움이 있었다. 우선, 협력적 수업 설계라는 새로운 연구 여정을 안내해 주신 한국교원대학교 김현진 교수님께 감사드린다. 교수님께서는 현장에 필요한 가이드가 개발될 수 있도록 진심을 담아 지도해 주시고, 응원해 주셨다. 또한, 협력적 수업 설계 모형과 가이드는 학계 혹은 현장의 여러 전문가분들께서 타당성을 검토해 주셨다. 그리고, 현장의 선생님들께서 직접 협력적 수업 설계 가이드를 활용해서 수업을 실행해 주셨다.

협력적 수업 설계는 교육계가 더욱 관심을 가져야 하는 연구·실천 영역이다. 많은 사람들의 관심과 실천을 통해 탄생한 이 책이 협력적 수업 설계라는 영역에 작은 조약돌을 쌓는 일이 되고, 현장의 선생님들에게 보탬이 되기를 기대해 본다.

2022년 10월
저자 이은상

CONTENTS

1장 | 학습자 중심 수업과 협력적 수업 설계

2장 | 협력적 수업 설계 가이드

3장 | 협력적 수업 설계의 실제

교과 융합 프로젝트
수업 설계

학습자 중심 수업과 협력적 수업 설계

G U I D E

왜 협력적 수업 설계인가? 최근 강조되고 있는 수업 패러다임들은 교사들에게 도전 과제로 작용하고 있다. 복잡하고 어려운 과제를 해결하기 위해서는 교사들 간의 협력이 필수적이다. 교사들은 개인의 전문성 시대를 넘어 협력적 전문성을 발휘해야 하는 시대에 살고 있는 셈이다.

이 장에서는 여러 선행 연구와 사례를 통해 협력적 수업 설계가 강조되는 맥락, 배경이 되는 지식과 경험들을 살펴본다. T-CID Teacher's Collaborative Instructional Design 모형에 담긴 원리와 기본 가정들을 이해함으로써 이 책을 읽는 교육자들이 처한 상황에 맞게 협력적 수업 설계 모형을 재구성·재창조하기를 권장한다.

1. 수업 설계 패러다임의 변화

수업 패러다임의 변화

과학기술의 발달과 사회 변화에 따라 미래 사회에 필요한 역량을 규명하고 새로운 교육체제를 마련하려는 움직임이 지속적으로 나타나고 있다. OECD는 교육 2030 프로젝트에서 학습자들이 교육을 통해 변혁적 역량Transforming skills을 함양하고 행위 주체student agency로 성장해야 함을 주장하였다. 교육이 학교 안에서의 학습에 머물지 않고, 실제 생활에서 새로운 가치를 창출하고 전인적인 역량을 갖출 수 있도록 해야 함을 강조한 것이다. 이러한 세계적인 흐름에 발맞춰 우리나라도 학습자들이 단순히 교과 지식을 습득하는 것에 그치지 않고, 문제를 창의적으로 해결할 수 있는 역량을 신장하도록 유도하고 있다. 이러한 사회적·교육적 변화와 요구들은 자연스럽게 학교교육의 변화에 대한 관심으로 이어지고 있으며 학교교육의 핵심 주체인 교사의 수업 변화가 주요 과제로 부상하고 있는 것이 현실이다.

창의·융합형 인재 양성의 필요성이 강조되면서 교사들의 수업 설계와 실행은 새로운 변화에 직면하고 있다. 기존의 '객관적인 지식 전달' 중심에서 '맥락적인 지식의 구성'으로, '교수자 중심'에서 '학습자 중심'으로 관심이 이동하면서 수업 설계는 학습자 중심 수업의 관점으로 전환 혹은 확장되고 있다.

학습자 중심 수업 설계

학습자 중심 수업은 다양한 수준의 복잡성을 학습하는 과정에서 상호작용을 통해 개별 학습자들의 이해를 심화시키는 것이다. 그동안 교육 분야에서는 학습자 중심의 능동적인 학습을 촉진하는 수업 설계에 관심을 가져 왔다. 기존의 문제 중심 학습, 탐구 기반 학습, 앵커드 교수법, 인지적 도제, 목표 기반 시나리오와 같은 모형들이 학습자 중심 수업에 포함된다.

학습자 중심 수업 설계는 일종의 구성주의적 설계 활동으로 볼 수 있으며 기존의 객관주의적 설계 활동과 몇 가지 차이가 있다.

첫째, 수업 설계자는 분석하는 동안 수업에 관한 비전에 초점을 맞추며, 그러한 수업을 어떻게 실행할 것인지를 결정한다. 수업 설계자는 학습자에게 학습 주제를 어떻게 제시할 것인지에 대해 분석한다. 또한, 수업 설계자는 주제와 관련한 맥락을 확인하는 데 초점을 둘 수 있다.

둘째, 학습자는 수업 자료와 활동을 단순히 받아들이기만 하는 수용자가 아닌 설계자이다. 교수자가 제시한 교육 목적, 학습목표가 있을지라도 학습자는 자신이 해결해야 하는 문제해결의 목적을 스스로 세운다. 또한 문제상황을 해결하기 위한 내용과 활동의 계열을 확인하고 학습자 스스로 자신의 행동을 선택한다.

셋째, 개발 단계에서 일부 자료들은 수업 설계자에 의해 사전에 개발된다. 그러나 구성주의적 설계 활동에서의 '개발'은 학습자가 산출물을 구성하고 만들며 의미를 다듬어 가는 것을 뜻한다.

넷째, 실행 단계에서 학습자는 문제해결이나 산출물 구성에 참여

단계	객관주의적 설계 활동	구성주의적 설계 활동
분석	• 내용 • 학습자 • 교수 요구 • 교수 목적	• 맥락 • 학습자 • 기술된 문제 • 확인된 핵심개념
설계	• 교수 목표 • 과제 분석 • 준거지향평가	• 학습 목적 • 계열성 확인 • 맥락지향평가
개발	• 교수 자료 개발	• 학습자원/인공물artifacts 구성
실행	• 교사: 전달, 지도 • 학습자: 수용, 습득 • 초점: 목표 달성	• 교사: 조언, 촉진 • 학습자: 지도, 조정 • 초점: 문제해결
평가	• 학습자가 알고 있는 것 • 정언적 지식과 방법적 지식	• 학습자가 아는 방법 • 자신이 알고 있는 지식을 아는 능력

▲ 객관주의적 설계 활동과 구성주의적 설계 활동의 단계별 설계 활동 비교
(Hannafin & Hill, 2007, p.78)

하면서 자신이 무엇을, 언제, 누구와 해야 하는지를 결정한다. 교사는 조언자이자 촉진자로서 학습자들에게 적절한 스캐폴딩을 제공한다.

마지막으로, 구성주의적 설계 활동에서는 학습자의 지식만을 평가하는 것이 아니라 학습자가 성찰을 통해 활동 과정에 대해 스스로 평가할 수 있도록 한다. 학습자들은 성찰과 평가를 통해 자신의 문제해결 과정뿐만 아니라 학습환경을 조성한다.

학습자 중심 수업과 융합교육

최근에는 교과 간 융합을 통해 학습자 중심 수업을 설계하고자 하는 시도들도 많아지고 있다. 초등학교에서는 일반적으로 개별 교사가 여러 교과를 담당하고 있으나 교사의 전공과 관심사에 따라 융합교육 혹은 주제 중심 프로젝트 학습을 진행한다. 또한 중등학교에서는 STEAM, STEM 등의 용어와 함께 융합교육이 학교 현장에서 진행되고 있다.

융합교육의 용어는 다양하게 사용되고 있는데, 대체로 지식이 삶과 통합되어야 한다는 전제를 바탕에 두고 있다. 또한, 실제 수업은 불확실한 현실의 문제를 해결하고 실행하는 형태로 나타난다는 점에서 공통된 특징을 보이고 있다. 현장 교사들은 융합교육을 '교과의 경계를 허물거나 경계에 있는 공통분모를 바탕으로 통합하고 연계하는 것'으로 인식하고 있다.

융합교육은 여러 학습자들이 상호작용을 통해 서로의 관점을 공유함으로써 지식을 구성하고, 융합적 사고를 바탕으로 다양한 문제를 해결하도록 촉진하는 활동이다. 융합교육에서의 학습은 다양한 교과뿐만 아니라 실생활 맥락과 연계된 학습자의 경험을 통해 이루어진다. 학습자들은 복잡한 현실의 문제로부터 출발하여 이를 해결하기 위해 여러 교과 영역의 지식을 활용할 뿐 아니라, 동료 및 다양한 분야의 전문가와 협업을 통해 새로운 지식을 만들어 낸다.

학생들은 융합교육을 통해 새로운 지식과 실생활 경험에 대한 깊이 있는 이해를 위해 여러 학문들의 관점을 통합하여 관련 이슈나 문제를 탐구하게 된다. 이러한 수업을 설계하기 위해서는 학교 내 다양한 영역의 교사들과 협력하는 것이 효과적이다. 교사 간의 협력은 융합교육을 위한 학습자 중심 수업을 설계하고, 더 나아가 창의·융합형 역량을 신장시키는 데 필수적인 과정이다.

학습자 중심 수업 설계의 어려움

학습자 중심 수업 설계에 대한 관심과 요구의 증가에 따라 교사 간의 협력을 통한 수업 설계의 필요성도 높아지고 있다. 학습자 중심 수업 설계를 하게 되면 동료 교사 간의 협력을 통해 장애요인을 극복하고 혁신적인 교수활동을 실천할 가능성이 높아진다. 또한, 교사가 협력 활동에 활발하게 참여할수록 학습자 중심 수업 설계를 보다 적극적으로 실천할 수 있다. 즉, 교사 협력은 학습자 중심 수업 설계에 긍정적인 영향을 미치는 요인이 된다.

실제로, 교사들은 수업 설계 과정에서 학습공동체, 교과(학년)협의회를 통해 아이디어 공유, 수업 성찰 등의 부분적인 협력을 하고 있다. 그러나 학습자 중심 수업과 같이 실제성과 복잡성이 높은 수업을 설계하기 위해서는 교사 간의 보다 긴밀한 협력이 필요하다.

교육 분야에서의 수업 설계 행위는 문제상황 분석, 수행 지원, 전략 탐색, 적절한 평가 등을 포함하는 협력적 프로젝트 활동으로 간주되어 왔다. 수업 설계는 다양한 전문 지식과 관심사를 가진 사람들끼리의 협업이 필요하다. 학교 밖에서는 실제성이 높은 교육 프로그램을 설계하고 운영하기 위해 다양한 분야의 전문가들이 서로 협력하고 있다.

학교교육에서 주요 협력의 대상은 동료 교사이다. 그러나 그동안 학교교육에서 교사 간의 긴밀한 협력을 통해 수업 설계를 하는 것이 일반적인 상황은 아니었다. 최근, 교사 협력을 강조하는 제도와 문화가 형성되고 있지만, 교사들은 오랫동안 개별적으로 일을 해 왔으며 수업을 홀로 준비하고 수업 관련 문제를 독립적으로 해결해 왔다. 이는 교직 사회의 관료제적 특성, 개별 교과 간의 엄격한 분리와 평가 문화 등이 작용한 결과이기도 하다. 그동안 학교 현장은 교과 학습에 있어서 자기 영역을 구분 짓고, 다른 교사와 협의하거나 협력하지 않는 문화를 형성해 왔다.

이러한 폐쇄적인 교사 문화가 수업 설계 주체를 개별 교사에 한정시키고 있으며 상호 간의 소통과 배움에 방해 요인으로 작용하고 있다. 이러한 상황에서 교사들의 개별적인 수업 설계와 실행은 수업에서의 효과성 향상과 전문성 개발에 한계가 있는 것으로 지적되고 있다. 교사 개별적인 차원에서는 새로운 수업을 설계하는 것에 대한 열정을 억제하고, 기존에 개발된 자료에 의존할 뿐만 아니라 자신의 수업에 무비판적인 태도가 형성될 수 있다. 나아가 집단 차원에서는 교사 간의 불필요한 경쟁을 유발시키고 학습공동체 문화 형성을 방해한다. 즉, 교사들의 개별적인 수업 설계만으로는 사회적 변화와 요구에 대응하는 데 한계가 있다.

2. 교사 협력을 통한 수업 설계

교사 협력이란?

학교교육에서 중요성이 높아지고 있는 교사 협력의 개념은 이미 많은 선행 연구에서 나타나 있다. 교사 협력을 연구한 Thousand와 Villa는 '교사 협력'을 협력적으로 수업을 계획하고 수업과 평가 책임을 공유하는 2인 이상의 교사들을 수업에 배치시키는 것이라고 설명하였다. Lemlech와 Kaplan은 '교사 협력'을 교사들 간의 인식과 경험을 공유함으로써 교사로서 보다 질 높은 업무와 적응을 위한 전문적 관계로 정의하였다. Montiel-Overall 역시, 공유된 생각으로 수업을 계획하고 통합된 교수를 만들기 위해 2인 이상의 교사들이 서로 신뢰 관계를 맺어서 일하는 것을 '교사 협력'이라고 설명하였다. 마지막으로 Friend와 Cook은 '교사 협력'을 공동의 목표를 가지고 일하는 사람들의 공유된 의사결정에서의 상호작용 방식으로 설명했다.

국내에서도 교사 협력 관련 연구는 상황적·배경적 맥락에 따라 다양하게 정의되었다. 이명순에 의하면 진정한 교사 협력은 교실 문제를 해결하기 위해 복수의 교사가 동등한 수준의 전문성을 가지고 함께 일하는 것이다. 홍창남은 교사들이 교육활동 관련 자료를 정기적·비정기적으로 공유하거나 수업 개선 또는 학급 문제 해결을 위하여 도움을 주고받는 활동으로 정의하였다. 한편, 김민조 등은 학교 업무를 단순히 물리적으로 분담하는 것을 넘어서 공동의 문제를 해결해 가는 과정으로 정의하였다. 마지막으로, 권순형과 김도기는 '교사 협력'을 교사들이 공동의 목적을 달성하기 위하여 지식과 정보를 서로 공유하며 자신이 맡은 일에 책임을 지고, 자율적으로 일하는 것으로 설명하였다.

여러 연구자들이 말하는 교사 협력의 의미를 살펴볼 때 몇 가지 공통점이 있다. 우선, 교사 협력은 공동의 목표를 추구하는 구성원들의 의식적인 행위이다. 학교교육에서 교수학습과 각종 업무는 대체로 협력이 필요하지 않거나 낮은 수준의 협력이 일어나는 경우가 많다. 교사 간의 협력을 하지 않더라도 일반적으로는 교사들의 개별적 혹은 조직적 업무 수행에 큰 영향을 받지 않는다. 그러나 교사 협력이 일어난다는 것은 일상적인 행위가 아닌 특정의 목표 달성이 필요한 상황을 전제한다. 높은 수준의 긴밀한 협력이 일어나기 위해서는 구성원들이 공동의 목표를 공유하고 이에 합의해야 한다.

다음으로, 교사 협력은 신뢰에 기반한 상호 의존성을 특징으로 한다. 교사 협력은 개별 교사가 불확실하거나 불안정한 상황을 감수하는 것에서부터 시작된다. 즉, 교사 협력은 일상적인 행위가 아닌 새로운 일을 수행하거나 기존의 일을 개선하는 상황에서 요구된다. 불안정성과 불확정성이 높을수록 긴밀한 교사 협력이 필요하다. 이때, 긴밀한 협력은 앞에서 설명한 바와 같이 단순한 대화나 아이디어 공유가 아닌 '공동 작업'을 말한다. 이러한 협력은 물리적인 결합을 통해 구성원들에게 업무를 기계적으로 분배하는 것이 아니라 개별 교사들의 신념과 역량을 융합함으로써 새로운 지식과 산출물을 창조하는 행위이다. 학교교육 맥락에서 교사 협력은 다른 조직에서의 협력에 비해 높은 수준의 신뢰가 요구된다. 이것은 학교가 다른 조직에 비해 개인주의적인 문화가 강하게 나타나는 특성, 협력 과정에서 개별 교사들의 교육적 신념 혹은 가치관이 충돌하는 특성 등에 기인한다. 만약, 구성원에 대한 신뢰가 전제되지 않을 경우, 자신의 신념과 역량을 충분히 드러내는 데 한계가 있을 것이다.

마지막으로, 교사 협력은 자율적 의사소통을 특징으로 한다. 교사 협력은 공동의 목표뿐만 아니라 개별 교사의 목표를 달성하는 행위이다. 개별 교사들은 자신의 목표를 달성하기 위해 협력 과정에 자율적으로 참여하게 되고, 자신의 신념과 견해뿐만 아니라 실제 경험과 자료를 공유하게 된다. 그런데 이때 자율적인 분위기가 형성되지 않을 경우, 구성원들의 참여가 제한될 수 있다. 지나치게 의무적인 참여를 강요하거나 피드백 내용에 대한 제한이 있다면, 생산적인 의사소통이 이뤄지기 어렵다. 따라서 교사 협력은 교사들의 자율적이고 자발적인 참여의 보장과 수평적인 관계에서의 의사소통이 필요하다.

이와 같이, 교사 협력의 목표는 협력의 참여 동기로 작용하며, 상호 의존성은 개별 구성원들이 주체적으로 참여할 수 있는 기반이 된다. 또한, 자율적인 의사소통은 협력을 활성화시킴으로써 생산적인 팀 활동이 진행되도록 한다.

수업 설계를 위한 교사 협력의 유형

교사 협력의 유형은 앞에서 언급한 특징을 기준으로 구분할 수 있다. 우선, 교사 협력을 통해 달성하고자 하는 공동의 목표에 따라 크게 학습공동체와 수업 설계 팀으로 구분할 수 있다. 이 중 학습공동체는 교수·학습과 관련하여 전문성을 신장시키기 위한 목적을 가지고 자발적으로 모인 교사 집단으로서 현장에서는 교원학습공동체, 전문적학습공동체 등의 용어로 혼용하여 부르고 있다. 학습공동체는 포괄적인 성격을 지니고 있으나 교사의 전문성 신장을 핵심적인 목표로 추구하고 있다. 반면, 수업 설계 팀은 수업에 대한 교육적 실제를 개선하기 위한 협력의 형태이다. 이때의 수업 설계는 학습공동체를 통해서 진행되기도 한다. 그러나 여기서 수업 설계 팀의 목표는 '전문성 향상'이라는 개인적 목표가 아닌 '실제적인 수업 설계'라는 집단적 목표이다. 따라서 수업 설계 팀은 공동의 수업을 설계하고 개발하기 위한 목적을 지니고 교사들이 함께 협력하는 집단으로 정의되고 있다.

또한, 교사 협력은 상호 의존 정도에 따라 구분될 수 있다. 실제 학교 내에서 이루어지는 교사 협력의 유형은 단순한 협력부터 수업에 대한 피드백 교환, 팀 티칭 또는 공동 수업 등의 다소 복잡하고 긴밀한 협력에 이르기까지 교사 간 상호 의존 정도에 따라 다양한 양상을 보이고 있다. 단순한 협력은 교사 개인의 자유 선택에 따라 일상적으로 일어나는 스토리텔링Storytelling, 정보 교환의 형태로 이뤄진다. 이 중 스토리텔링은 단편적인 아이디어를 교환하기 위해 교사들 사이에서 자유롭게 수업 관련 상호작용을 하는 것이다. 또한, 수업 자료와 방법을 공유하고 동료 간에 아이디어와 의견을 공개적으로 교환하는 형태의 협력도 이 유형에 포함될 수 있다. 단순한 협력은 보통 조직적이거나 의도적으로 발생하지는 않는다.

다음으로, 긴밀한 협력은 특정한 책임을 공유하는 교사들과의 상호 의존적인 만남이 이루어지는 협력이다. 이러한 협력 형태는 자율성에 기초하고 있으나 집단에 대한 소속감을 공유하고 있다. 따라서 동료 교사와 공동의 업무 실행을 위해 책임감을 공유하고 함께 의사결정하는 과정에서 협력이 이뤄진다. 이들 유형 중 긴밀한 협력이 교사의 수업 개선과 전문성 향상에 더 많은 잠재력을 가지고 있지만 대부분의 학교에서 빈번하게 일어나고 있지는 못하다.

마지막으로, 교사의 자율성을 기준으로 완전한 협력fully functioning collaboration과 인위적 협력contrived collaboration으로 구분할 수 있다. 완전한 협력은 자발성, 자생성, 발달지향성, 일상성, 불확실성을 특징으로 한다. 다시 말해서, 완전한 협력에서는 교사들이 협력의 주도권을 가지고 있으며 협력의 결과는 불확실하고 예측하기 어려운 경우가 많다. 반면, 인위적 협력의 개념 안에는 '공적인, 허위의, 자연스럽지 못한, 강요된' 등의 의미가 내포되어 있다. 즉, 이때의 협력은 타인으로부터 강제되고, 명령이나 강요에 의해 과제나 업무를 실행하기 위한 것이다. 이러한 인위적 협력은 특정 시간, 특정 장소에서만 협력이 이루어지고 협력의 결과는 비교적 예측 가능하다.

구분 기준	내용
목적	• 학습공동체 : 전문성 개발 • 수업 설계 팀 : 실제 수업 개선
상호 의존성	• 단순한 협력 : 대화, 아이디어 나누기, 자료 공유 등 • 긴밀한 협력 : 공동 작업 및 의사결정 등
자율성	• 완전한 교사 협력 • 인위적 교사 협력

▲ 교사 협력의 유형

위와 같이 교사 협력의 유형을 살펴보면, 협력적 수업 설계는 협력의 목적을 기준으로 할 때, 공동의 수업을 설계함으로써 실제 수업을 개선하는 수업 설계 팀 활동이다. 또한, 상호 의존성 정도를 기준으로 할 때, 설계 팀 구성원들이 설계 주체로서 긴밀한 협력을 통해 공동의 수업을 설계하는 활동이다. 마지막으로 자율성을 기준으로 할 때, 협력적 수업 설계는 자발적으로 참여한 교사들이 주도권을 갖고, 자율적인 의사소통을 통해 이뤄지는 완전한 협력 활동이다.

교사 협력의 다차원 효과들

학교 혁신과 관련하여 교사 협력의 기대 효과는 세 가지 차원에서 살펴볼 수 있다. 우선, 교사 협력은 새로운 수업 자료 개발과 사용으로 이어지고 교사의 실행에 영향을 미친다. 이는 다시 학교에서 이루어지는 교수학습 과정의 변화와 학생의 학업성취 향상으로 이어진다. 실제로, 대부분의 교사들이 새로운 아이디어를 논의하거나 서로에게 피드백을 줄 수 있는 기회를 갖지 않고 분리된 상태에서 수업을 설계하는 것은 학교 혁신 과제 중 하나이다.

수업 설계 팀이 설계한 과제의 초점이 학생의 학습과 지속적으로 연결되고 팀의 목적이 수업과 직접 관련되어 있을 때 학생의 학업성취에 가장 큰 영향을 미쳤다. 연구 결과에 따르면, 협력적인 교사들은 개별적으로 일하는 교사들보다 교실 수업을 잘 설계했다. 교사들은 협력을 통해 동료로부터 교수적 어려움에 대한 피드백과 아이디어를 확보하게 되므로 교사들 간의 협력적 설계는 개별적인 설계보다 효과적이라는 것이다. 교사들의 어려움을 공유하고 해결책을 도출하는 과정인 협력적 수업 설계는 수업의 실제를 개선하는 데 도움이 된다고 한다. 즉, 학생들의 학습이 학교교육의 핵심임을 고려할 때, 협력적인 교사 공동체를 가진 학교들이 학생들에게 더 적합한 교육을 실행할 뿐만 아니라 학습 효과도 높일 수 있다.

다음으로, 교사들의 협력적인 상호작용은 교사의 전문성 개발에 기여한다. 수업을 설계할 때, 교사는 현재 수업에 대해 성찰할 뿐만 아니라 자신의 요구와 신념에 따라 이를 실행에 옮긴다. 자신이 설계한 산출물을 검토하고, 그 경험과 결과를 반영함으로써 교사는 설계된 수업의 잠재력과 문제점을 인식할 수 있다. 이러한 성찰을 바탕으로 설계에 대한 새로운 통찰력을 얻을 수 있다. 그러나 개별 교사의 노력만으로는 수업 설계를 통한 학습을 지속적으로 진행하기 어렵다. 협력적 수업 설계는 교사 개인의 수업 성찰을 동료와 공유하는 행위로 나타나며 이를 통해 자신의 문제점을 개선하고 보완하는 데 용이하다.

마지막으로, 교사 설계 팀의 협력적인 업무는 교사의 업무 방식과 상호작용 방식을 바꾸어 학교의 문화적 수준뿐만 아니라 구조적 수준에서 조직의 변화에 기여한다. 해외에서는 교사의 협력적인 활동을 통한 변화 영역을 '학교 개발School Development'이라고 표현해 왔다. 학교 개발은 학생의 학습 향상뿐만 아니라 변화하는 환경에 적응하고, 변화를 처리할 수 있는 학교의 능력 향상을 목표로 한다. 학교 개발은 학교의 문화와 구조의 변화를 의미한다. 교사 간의 의미 있는 협력을 통해 학교문화나 조직 환경이 바뀔 수 있다. 교사 간 협력은 상호 학습을 통해 학교 개발을 가능하게 하는 요소이다. 이러한 협력이 없으면 학생들의 변화를 촉진하는 데 도움이 되는 조직문화를 형성할 수 없다. 그런 의미에서 교사 협력은 학교의 구조적 변화를 촉진하는 기능을 한다.

3. 협력적 수업 설계

협력적 수업 설계란?

교사 협력에 의한 수업 설계는 특정 단계의 협력을 통해 개별 수업을 설계하는 것부터 전체 단계의 협력을 통해 하나의 공동 수업을 설계하는 것까지 다양하게 나타나고 있다. 앞에서 살펴본 바와 같이 교사 협력은 아이디어를 공유하는 단순한 협력부터 공동 작업을 하는 긴밀한 협력으로 이루어진다. 복잡성과 실제성이 높은 학습자 중심 수업 설계의 필요성이 강조되고 있는 현실에서 교육자들은 수업 설계 과정에서의 긴밀한 협력을 더욱 요구받고 있다.

이 책에서는 '협력적 수업 설계'를 '공동의 목표를 달성하기 위해 구성원들이 상호 의존적인 관계를 맺고, 자율적으로 의사소통함으로써 공동 수업 혹은 개별 수업을 협력적으로 분석, 설계, 개발, 실행, 평가하는 전체 혹은 부분적인 과정'으로 정의한다.

그렇다면 여러 학교교육 사례에서 나타나고 있는 협력적 수업 설계의 특징은 무엇일까?

특징1 개별 교사의 수업 설계에서 암묵적으로 이뤄졌던 요소들이 협력적 수업 설계에서는 명시적으로 나타나고 있다.

많은 연구 결과에 따르면, 개별 교사의 수업 설계에서는 문서화된 계획보다는 정신적 계획이 주로 사용된다. 교사들은 수업을 설계할 때, 예측되는 어려움이나 아이디어를 마음속으로 반복적으로 시연함으로써 정교화시키는 경향이 있다는 것이다. 또한, 교사의 수업 설계에서 목표 설정이 명확하게 이뤄지지 않거나, '수업 계획-실행-평가'가 통합되거나 생략되는 경우가 많다. 그러나 협력적 수업 설계에서는 '분석-설계-개발-실행-평가'와 같은 체제적 요소들이 상대적으로 명확하게 드러난다. 특히, 개별적인 설계에서는 암묵적으로 이뤄지던 목표 설정이 협력적 수업 설계에서는 명시적으로 드러난다. 목표는 교사 설계 팀의 활동 방향을 제시함과 동시에 개별 교사의 수업을 설계하는 데 결정적인 영향을 미치기 때문에 협력적 수업 설계에서는 중요한 역할을 한다. 협력적 수업 설계는 장기간 여러 교사가 연계하여 동일한 주제를 다루거나 문제를 해결하기 때문에 분명한 목표가 필요하다. 이러한 목표는 교과의 내용요소와 기능요소 분석 혹은 성취기준 분석 등을 통해 도출된다. 목표 도출은 주제 선정 전·후에 나타나며 분석 과정의 주요 설계 활동이다. 같은 학교에 근무하는 교사 간 협력적 수업 설계의 경우에는 학습자 수준과 성향, 학교 내 환경적 특성에 대해서 이미 파악이 된 상태이다. 특히, 협력적 수업 설계 전체 과정에서 학습자 분석은 의사결정에 중요한 기준이 되기 때문에 수시로 나타난다. 즉, 학습자 분석은 설계 전 과정에서 활용되는 반면, 내용 분석을 통한 목표 설정은 교과가 다양한 교사들이 하나의 공동 수업을 설계하기 위해 수행해야 하는 설계 활동으로 나타난다.

특징2 협력적 수업 설계는 팀의 공동 설계와 구성원의 개별 설계가 공존하는 활동이다.

학교 맥락에서 교사 설계 팀은 개별 교사의 목표, 신념, 전문성 등이 결합된 상태이다. 개별 교사들은 팀의 공동 설계를 통해 각 교과 및 교사의 목표를 실현하게 된다. 또한, 교사 설계 팀은 개별 교사들의 설계를 통해 팀의 공동 목표를 달성하게 된다. 즉, 수업 설계의 전 과정을 교사 설계 팀이 공동으로 진행하더라도 개별 교사가 독립적으로 설계·실행하는 영역이 존재하게 된다. 설계가 지식 창출 행위라면, 설계 산출물은 협력적 지식 창출과 개별적 지식 창출이 병렬적인 관계에서 역동적인 상호작용을 하면서 만들어지는 것이다. 이때, 구성원의 개별 설계 영역이 확대될수록 교사 협력의 범위가 축소될 수 있다. 반면, 팀의 공동 설계 영역에 비해 구성원의 개별 설계 영역을 축소할 경우 생산적인 의사소통이 오히려 감소할 수 있다. 따라서 협력적 수업 설계를 위해서는 사전에 공동으로 설계할 영역과 개별 교사가 설계할 영역을 구분하고, 공동 설계와 개별 설계가 유기적으로 연결될 수 있도록 설계 환경을 마련해야 한다.

특징3 협력적 수업 설계에서는 다양한 도구(인공물)를 사용한다.

교사의 머릿속에서 암묵적으로 이뤄졌던 설계를 협력적 수업 설계에서는 타인과 공유하고 함께 창조해야 하기 때문에 개인의 생각을 시각화, 명세화하여 표현한다. 이때, 말, 글, 그림, 도구 등의 물리적, 문화적 도구(인공물)들이 사용된다. 도구(인공물)는 협력적 수업 설계의 한 요소로서 구성원들의 인지적 부담을 분산시킬 뿐만 아니라 구성원들 간의 협력을 촉진시킨다. 최근, 수업설계카드 같은 도구를 활용하여 협력적으로 공동 수업을 설계하는 사례들은 이러한 장점을 확보하고자 함이다.

특징4 협력적 수업 설계는 활동 초기 단계에 구성원들 간의 협력이 상대적으로 두드러지는 경향이 있다.

협력적 수업 설계의 초기 단계에서는 팀원들 간에 친밀감을 형성하고 역할을 분담하며 활발한 의사소통을 통해 설계 방향과 목표를 설정하는 모습들이 나타난다. 협력적 수업 설계 초기에 합의한 개념과 선택한 내용들은 설계 과정의 후속 단계에 큰 영향을 미친다. Romme과 Endenburg는 이러한 설계 과정상의 특징을 액체 상태 liquid states와 결정화된 상태crystallized states로 구분했다. 액체 상태에서 문제와 해결 전략은 여러 방향으로 열려 있다. 그러나 결정화되면 수업 설계와 관련한 주요 요소를 수정하는 기능이 크게 줄어든다. 협력적 수업 설계에서 가장 많은 시간과 노력이 초기 단계에 들어가는 이유이기도 하다. 다양한 생각과 경험을 가지고 있는 교사들

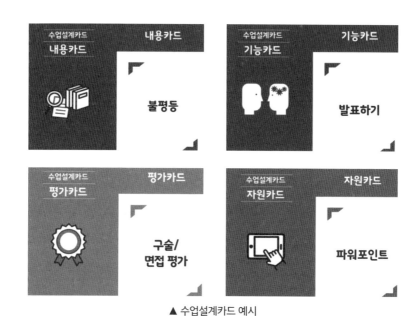

▲ 수업설계카드 예시

▲ 수업설계카드를 활용하는 교사 설계 팀

이 초기 단계에서 수업 설계와 관련하여 깊이 있는 대화를 나누면서 서로의 차이를 발견한다. 그리고 논증의 과정을 통해 합의된 개념과 해결책을 도출함으로써 공동의 산출물이 만들어진다. 이와 같은 특징들은 초·중등 교사들의 협력적 수업 설계 상황에서 공통적으로 나타나고 있다.

협력적 수업 설계 시 고려해야 할 것들

그동안, 많은 연구와 사례에서는 협력적 수업 설계의 필요성을 대체로 언급하고 있으나 설계 시 고려해야 할 원리나 지침, 구체적인 설계 활동 등의 직접적인 안내가 부족했다. 협력적 수업 설계를 촉진하기 위해서는 실질적인 설계 활동에 대한 구체적인 과정과 방법에 대한 설명이 필요하다. 그렇다면 효과적인 협력적 수업 설계를 위해 무엇을 고려해야 할까?

고려 사항1 협력적 수업 설계에 참여한 팀 구성 방식은 자율적인 참여를 권장한다.

Hargreaves는 목표에 대한 합의가 없는 상황에서 협력을 강요하지 말라고 경고하였다. 이러한 상황에서의 협력은 수업 설계 과정에서 교사의 부분적 참여로 이어질 수 있다. 따라서 자발적인 참여에 기초하되 공동의 책임을 분산하여 수업 설계에 대한 주인 의식을 갖도록 하는 것이 필요하다.

고려 사항 2 협력적 수업 설계의 목적을 설정하는 것이 중요하다.

수업 설계에 있어 목적을 설정하는 것은 핵심적인 사항이며 팀 구성원들끼리는 설계 산출물에 대한 비전을 공유해야 한다. 다양한 생각을 가진 개개인들이 모인 집단에서 '우리'라는 인식을 갖기 위해서는 집단의 목적과 비전을 설정해야 한다. 수업 설계 활동은 사회적 요구를 반영한 학습경험을 통해 학생들을 성장시키기 위한 것이다. 학생이 개인적으로 성장하고 사회에 기여할 수 있도록 학습경험을 제공하는 것이 협력적 수업 설계의 목적이다. 협력적 수업 설계를 통해 학생들이 개인적으로 발전할 수 있도록 하고, 자신의 관심과 재능을 발휘할 수 있도록 해야 한다. 협력적 수업 설계 자체에 대한 비전과 가치가 공유되면 설계하고자 하는 수업의 목표를 설정한다. 전자가 교사 협력의 장기적이고 이상적인 목표에 해당한다면 후자는 수업 설계의 실질적인 목표가 된다. 협력적 수업 설계에서는 구성원들이 함께 목표를 설정하고 공유할 수 있도록 해야 할 것이다.

고려 사항 3 협력적 수업 설계 과정에서 구성원들이 상호 의존적인 관계를 맺을 수 있는 환경을 조성해야 한다.

이 책에서 강조하는 상호 의존성은 설계 팀 구성원들이 설계 주체로서 긴밀한 협력 관계를 맺고, 공동의 수업을 설계하는 것을 말한다. 설계 주체인 구성원들이 친밀한 감정을 가지고 상호 의존적인 관계를 맺고자 할 때 협력이 촉진된다. 팀 차원에서 교사 협력을 위한 공식적인 시간을 배정하되 설계 주체들이 비전을 공유하고 상호 의존성을 향상시킬 수 있는 비공식적인 시간과 공간 또한 확보해야 할 것이다.

고려 사항 4 협력적 수업 설계에 참여한 구성원들이 명확하게 의사소통할 수 있는 수단을 마련해야 한다.

교사가 개별 과제를 볼 수 있도록 팀 활동을 구조화하면 각자가 팀 활동에 대한 책임을 인식하게 된다. 따라서, 협력적 수업 설계 일정time-lines과 중간 산출물intermediate products을 예측할 수 있도록 프로젝트 계획 및 관리를 용이하게 할 필요가 있다. 설계 과정과 산출물에 대한 명확한 개요를 공유하는 것은 다양한 참여자 간의 의사소통을 촉진한다. 또한, 공동 작업과 관련하여 명확한 성과(산출물) 기준을 세우면 도움이 된다. 이 기준을 통해 팀 활동을 정기적으로 평가할 필요가 있다.

고려 사항 5 협력적 수업 설계를 위해서는 촉진자의 역할이 중요하다.

촉진자의 주요 역할은 설계 팀의 상호작용을 조정하고, 팀 목표에 적합한 활동 환경과 시스템을 마련하는 것이다. 교사 설계 팀은 협력적 수업 설계 과정을 실행하는 데 익숙하지 않기 때문에 설계 과정에서 촉진자로부터 스캐폴딩을 제공받는 것이 필요하다. 학교교육에서는 협력을 지원하는 촉진자를 학교 밖에서 확보하기 어렵기 때문에 내부의 리더 교사가 교사 협력의 촉진자로 활동하는 것이 현실적이다. 실제로 공동 수업을 협력적으로 설계하는 경우 핵심 교사가 구성원들의 대화를 융합하고 깊이 있게 유도하는 역할을 하게 된다.

고려 사항 6 협력적 수업 설계를 위한 다양한 도구(인공물)들을 활용해야 한다.

협력적 수업 설계는 교사와 교사 간의 상호작용을 기반으로 진행되기 때문에 도구를 사용하면 구성원들의 연결이나 협력의 효과를 높일 수 있다. 다양한 의사소통 도구를 활용함으로써 개인의 인지적 자원을 확장할 필요가 있다. 특히, 제한된 시·공간적 상황에서 협력을 하기 위해서는 온라인 도구 등의 테크놀로지 사용이 효과적이다. 온라인 도구는 구성원들의 참여를 확대하고, 자유로운 의사소통을 가능하게 한다. 따라서 교사 협력을 통해 수업 설계를 하고자 할 때에는 오프라인상의 면대면 협력뿐만 아니라 온라인 도구를 활용하여 언제, 어디서나 협력이 일어날 수 있는 상황을 유도할 필요가 있다.

고려 사항 7 협력적 수업 설계는 학습자 중심 수업 설계의 원리를 적용해야 한다.

협력적 수업 설계는 교사가 개별적으로 수행할 수 없는 행위를 공동의 협력을 통해 설계하는 활동이다. 실제로, 협력적 수업 설계 관련 사례들을 보면, 복잡한 과제 혹은 실생활 맥락 중심의 수업을 설계하기 위해 다양한 교과 혹은 경험을 가진 교사들이 협력한다. 협력적 수업 설계에 참여한 교사들은 공통 주제를 선정하고, 학습자가 경험할 다양한 맥락과 교육과정상의 지식과 기능을 분석한다. 또한, 협력적 수업 설계에서는 학습자가 문제를 해결하는 과정에서 지식과 경험을 구성할 수 있도록 수업을 설계하고, 적절한 스캐폴딩을 제공하는 활동이 나타난다. 그러나 교사가 담당해야 할 교과 교육과정을 수업 설계에 반영해야 하므로 앞에서 다룬 학습자 중심 수업 설계의 특징이 완벽하게 적용되지는 못한다. 협력적 수업 설계는 기존의 일반 수업 설계 요소와 학습자 중심 수업 설계 요소들이 혼합된다고 할 수 있다.

협력적 수업 설계 모형(T-CID)

협력적 수업 설계는 개별 교사의 독립적인 설계가 아닌 교사 설계 팀에 의해 이루어진다. 따라서 교사 설계 팀원 간의 협력과 효과적인 팀 운영이 중요하다. 그러나 교사들은 팀을 구성하여 협력적으로 수업을 설계하는 데 익숙하지 않은 상황이다. 최근, 학습공동체를 강조하고 있으나 교사들은 협력을 통해 수업을 설계하거나 공동으로 수업을 실행하는 데에 부담을 느끼고 있다. 또한, 수업 설계와 관련하여 교사 협력을 하고자 해도 협력의 방법을 잘 모른다는 것도 문제로 지적되고 있다. 여기에 협력적 수업 설계를 어렵게 하는 수업 시간, 학급당 학생 수, 학생 지도, 업무 부담 등이 상존하고 있다.

실제 학교 밖에서의 교수설계 행위는 대체로 팀 단위로 이뤄지는 경우가 많다. 설계 프로젝트의 크기와 범위, 기술적인 복잡성 때문에 설계 시 다양한 개인들의 전문화된 기능이 요구된다. 그러나 학교교육 맥락에서 수업 설계의 주체는 내용 전문가임과 동시에 수업 설계자 혹은 실행가인 교사들이므로 학교 밖에서의 전문화된 협력과는 다른 양상으로 나타난다.

이 책에서 제시되는 모형은 교사 간의 협력적인 수업 설계를 돕는 여러 방법 중 하나이다. 따라서 다음과 같은 가정을 참고하여 협력적 수업 설계 모형을 이해하고, 활용할 필요가 있다.

가정1 협력적 수업 설계 모형은 순환적이다.

협력적 수업 설계를 진행하는 팀은 설계를 진행하면서 각각의 활동마다 성찰 및 평가를 통해 이전 활동으로 돌아갈 수 있다. 협력적 수업 설계에서 제시한 설계 활동과 세부 내용에 따라 효율적인 설계를 진행하되 팀이 설정한 비전과 설계 방향에 근거하여 각각의 활동을 평가한다. 평가 결과에 따라 이전 단계의 활동을 개선하여 설계를 진행할 수 있다.

가정2 협력적 수업 설계 모형은 비선형적이다.

협력적 수업 설계 활동과 세부 내용은 팀이 처한 상황에 따라 선택적으로 운영할 수 있다. 설계를 진행하는 팀은 이 책에서 제시하는 설계 활동과 세부 내용을 선택하거나 통합할 수 있다.

가정3 협력적 수업 설계 모형은 학습자 중심 수업을 설계하고자 하는 교사들에게 보다 적합할 것이다.

협력적 수업 설계는 복잡한 과제를 해결하기 위한 활동에 보다 적합하다. 협력적인 활동을 통해 업무의 효율성 확보와 인지 분산의 효과가 나타나기 때문이다. 단순한 과제를 협력적으로 수업 설계하

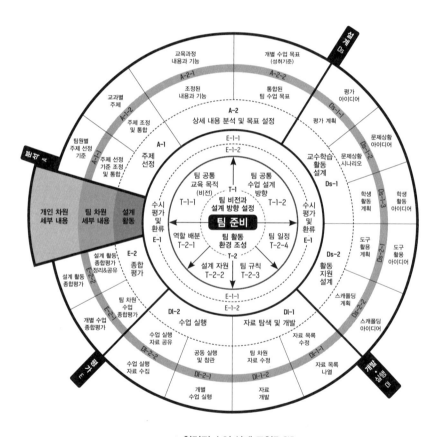

▲ 협력적 수업 설계 모형T-CID

는 것은 오히려 교사와 교사, 교사와 도구(인공물) 간의 상호작용 비용이 증가하기 때문에 비효율적이다.

여기서 제시하는 협력적 수업 설계 모형(T-CID)은 총 5개의 단계(팀 준비, 분석, 설계, 개발·실행, 평가), 10개의 설계 활동과 23개의 세부 내용으로 구성되어 있다. T-CID 모형은 협력적 수업 설계 관련 문헌, 학습자 중심 수업 설계 관련 이론, 수업 설계 전문가 및 현장 전문가 타당성 검토, 실제 수업 적용 등을 통해 개발되었다. 각각의 구체적인 내용에 대해서는 다음 장에서 살펴보기로 하자.

협력적 수업 설계 모형에 적용된 원리

    협력적 수업 설계 모형T-CID에는 여러 문헌과 사례들을 분석하여 도출한 몇 가지 원리가 반영되었다. 크게 보면, 상호 의존의 원리, 인지 분산의 원리, 활성화의 원리, 외현화의 원리, 조정의 원리로 구분된다. 우선, 상호 의존의 원리는 목적(비전)을 공유하고 서로에 대한 신뢰를 바탕으로 설계 팀을 형성하는 것이다. 팀 활동 초기에 구성원들 간의 인적 정보, 교육적 신념과 철학 등을 공유하는 것이 필요하다. 참여자들 간에 신뢰감을 갖고, 상호 의존적인 관계에서 팀 활동을 하는 것이 매우 중요하다. 인지 분산의 원리는 설계 팀원들의 인지를 사회적 · 물리적으로 분산하는 것이다. 협력적 수업 설계가 기존의 개별적 수업 설계와 다른 점은 개인의 인지적 노력에만 의존하지 않고 사람과 사람 간의 사회적 분산, 개인과 환경(도구) 간의 물리적 분산으로 확장한다는 것이다. 활성화의 원리는 설계 과정에서 설계 팀 구성원들이 아이디어 생성을 활성화하는 것이다. 협력적 수업 설계는 개인이 할 수 없는 것을 새롭게 창조 · 생산하는 행위이다. 따라서 창조적인 활동이 활성화될 수 있는 분위기와 공간 등이 조성되어야 한다. 외현화의 원리는 설계 팀 구성원들의 지식을 시각적으로 표상하고 공유하는 것이다. 협력적 수업 설계는 개인과 개인들 간의 생각을 효과적으로 공유하는 것이 핵심이다. 개인들이 가지고 있는 생각을 외부적으로 표현하고, 팀원들이 명확하게 이해할 수 있도록 하는 것이 중요하다. 특히, 다양한 과목 간의 융합수업을 설계하는 경우에는 외현화 원리를 적용하여 참여자가 표현한 언어, 행위의 의미를 명확히 이해해야 한다. 마지막으로 조정의 원리는 설계 팀 구성원들이 표현한 지식(생각)들을 통합 및 보완하는 것이다. 효과적인 조정을 위해서는 참여자 간의 구체적인 피드백이 필요하며, 논증과 조직화를 통해 다양한 의견들을 통합하는 과정을 거치게 된다. 설계 팀의 공동 활동이 결정되면 그 내용을 구성원들이 공유한 후 개별 활동을 다시 조정하도록 한다.

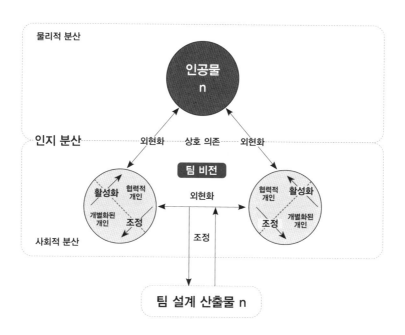

▲ 협력적 수업 설계 원리 간의 관계

협력적 수업 설계 원리

원리1 상호 의존의 원리
목적(비전)을 공유하고 서로에 대한 신뢰를 바탕으로 설계 팀을 형성한다.

지침1.1. 설계 팀의 궁극적인 목적(비전)을 설정하고 공유하라.

지침1.2. 설계 팀 구성원들은 상호 간에 편안하고 안전하다고 믿을 정도의 신뢰를 형성하라.

지침1.3. 설계 팀 초기에 팀 구성원들의 인적 특성을 파악하고 공유하라.

원리2 인지 분산의 원리
설계 팀원들의 인지를 사회적·물리적으로 분산한다.

지침2.1. 새로운 활동을 시작하기 전에 촉진자를 비롯하여 설계 팀 구성원에게 적절한 역할(권한)을 부여하라.

지침2.2. 협력적 수업 설계 활동을 지원하는 인공물을 배치하고 활용하라.

원리3 활성화의 원리
설계 과정에서 설계 팀 구성원들의 아이디어 생성을 활성화한다.

지침3.1. 구성원들이 설계 전 과정에서 자유롭게 발언하도록 하라.

지침3.2. 교사들이 자유롭게 협력적 수업 설계할 시간과 공간을 확보하라.

원리 4 **외현화의 원리**
설계 팀 구성원들의 지식을 시각적으로 표상하고 공유한다.

지침4.1. 설계 팀 구성원들은 다른 사람들에게 자신의 내적인 인지(생각)를 외부적으로 표현하라.

지침4.2. 설계 과정에서 팀원들이 표현한 개념, 관점, 행동들 중 명확하지 않은 부분에 대해 질문하라.

원리 5 **조정의 원리**
설계 팀 구성원들이 표현한 지식(생각)들을 통합 및 보완한다.

지침5.1. 구성원들의 다양한 의견들을 조직화하거나 논증함으로써 통합하라.

지침5.2. 협력적 수업 설계 과정에서 도출된 구성원들의 아이디어와 산출물들을 목표와 비교하여 주기적으로 조정하라.

지침5.3. 협력적 수업 설계 과정에서 상대방의 아이디어와 산출물들에 대해 교사 상호 간 기술적descriptive이고 구체적인 피드백을 제공하라.

## 2장

협력적 수업 설계

GUIDE

이 장에서는 1장에서 소개한 협력적 수업 설계 모형T-CID에 따른 설계 가이드를 구체적으로 살펴본다.

협력적 수업 설계 가이드는 팀 준비하기, 분석하기, 설계하기, 개발 및 실행하기, 성찰 및 평가하기 단계로 구분되며 10개의 설계 활동과 23개의 세부 활동으로 구성된다.

협력적 수업 설계 팀에게 실제적인 도움이 되도록 각각의 세부 활동별 방법 및 절차, 성찰 질문 등을 안내한다. 설계 팀은 상황(교육 대상, 교과, 수업 기간, 학습환경 등)에 따라 세부 활동의 순서, 방법 등을 재구성하기를 권장한다.

협력적 수업 설계 가이드는 부록을 참고하거나 QR코드를 통해 파일로 다운로드 받을 수 있다.

1. 팀 준비하기

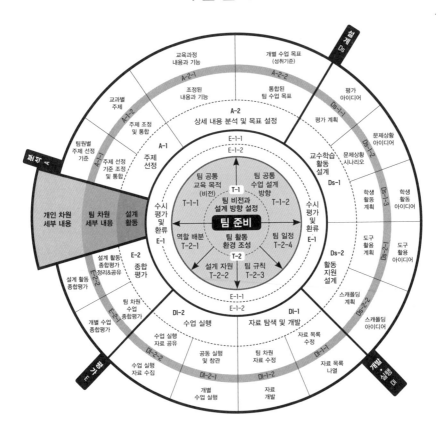

팀 준비는 교사 팀이 본격적으로 수업을 설계하기 전에 팀으로서 활동하기 위한 목적과 환경 등을 마련하는 단계이다. 팀 준비 단계에서 결정되는 내용들은 협력적 수업 설계 전 과정에 영향을 미치기 때문에 긴밀한 협력을 추구하는 교사 팀일수록 심도 있는 논의가 필요하다. 팀 준비 단계는 T-1, T-2의 설계 활동으로 구성된다.

T-1 팀 비전과 설계 방향 설정

  T-1 설계 활동은 팀의 비전과 방향을 설정하는 것이다. 이 활동은 팀원들의 비전과 팀의 비전을 일치시키고, 팀원들에게 동기부여가 되기 때문에 매우 중요하다. 이 활동에서 설정한 팀 비전에 따라 앞으로 설계할 수업의 방향과 방법이 정해진다. T-1 설계 활동은 T-1-1, T-1-2 세부 내용으로 구체화된다.

T-1-1 팀원들이 협력적 수업을 통해 실현하고자 하는 궁극적인 교육 목적에 대해 자유롭게 논의하고 공통의 비전을 설정한다.

개념 '비전'은 개인 혹은 팀이 궁극적으로 달성하고자 하는 미래지향적인 교육 목적이다.

방법 및 절차

① 교사 팀은 팀 비전을 설정하기 위해 팀의 상황적 조건(예 : 설계 기간, 수업 시간, 제도적 허용 범위, 참여자 정보 등)을 공유한다.

② 팀원 개인별로 협력적 수업 설계 활동을 통해 달성하고자 하는 비전을 말, 문자, 그림 등으로 표현한다.

③ 팀원들은 자신이 표현한 말, 문자, 그림 등을 설명한다.

④ 팀원들이 설명한 비전 중 명확하게 이해되지 않은 부분에 대해 질문하고, 질문을 받은 팀원은 추가적인 설명을 한다.

⑤ 팀원들이 설명한 키워드 혹은 의미들의 유사성을 중심으로 통합하고 팀 공통의 비전으로 설명한다.

유의 사항 교사 팀의 비전은 상향식 혹은 하향식으로 설정될 수 있다. 상향식은 팀원들의 개별 비전으로부터 팀 공통의 비전을 도출하는 방식이고, 하향식은 팀 공통의 비전이 먼저 실행되고 개별 비전으로 내면화되는 방식이다. 팀원들이 자신의 교육 목적을 설명하는 과정에서 각각의 교육 신념, 철학, 관심사 등의 정보를 충분히 공유하도록 한다.

성찰 질문

Q1. 팀원들의 개인 비전을 존중하고, 각각의 비전을 통합하였는가?

Q2. 설계 팀 비전을 팀원들이 모두 이해하며, 공유하고 있는가?

T-1-2 팀원들이 협력적 수업 설계의 목적을 달성하기 위해 지향해야 할 수업 설계의 방향을 설정한다.

개념 '수업 설계의 방향'이란 교사 팀의 비전을 달성하기 위해 설계 전 과정에 일관성 있게 반영하고자 하는 설계 원칙을 말한다. 이것은 수업 설계 과정에서 팀 구성원들의 아이디어 생성, 의사결정, 평가 등에 활용되는 기준이 되기도 한다.

방법 및 절차

① 교사 팀의 비전을 확인하고 팀원들은 비전을 실현하기 위한 수업 설계 방향에 대해 브레인스토밍한다.

② 브레인스토밍된 수업 설계 방향 키워드의 유사성을 중심으로 정리한다.

③ 팀원들은 유형화된 설계 방향의 적절성에 대해 논의한다.

④ 팀원들은 논의 결과를 바탕으로 최종적인 설계 방향에 대해 합의한다.

유의 사항 브레인스토밍을 할 때에는 종이, 포스트잇, 수업설계카드 등을 활용하여 팀원들의 생각을 시각화하는 것이 효과적이다. 시간이 부족할 경우, 브레인스토밍 후 팀원들의 투표를 통해 최종적인 수업 설계 방향을 결정할 수 있다. 교과(전공)별 특성이 있으므로 다양한 특성의 구성원들이 모인 설계 팀에서는 포괄적인 설계 원칙을 설정하는 것이 효과적이다.

성찰 질문

Q1. 수업 설계 방향에 대해 팀원들이 모두 이해하고 공유하는가?

Q2. 수업 설계 방향은 팀 비전을 실현하도록 설정되었는가?

T-2 팀 활동 환경 조성

T-2 설계 활동은 팀 비전을 실행하기 위해 팀의 활동 환경을 조성하는 것이다. 이 설계 활동에서는 학생들의 수행 환경이 아닌 교사 팀의 활동 환경을 준비한다. T-2 설계 활동은 T-2-1, T-2-2, T-2-3, T-2-4 세부 내용으로 구체화된다.

> **T-2-1** 협력적 수업 설계에 필요한 역할을 나열하고, 팀원들의 특성과 희망을 고려하여 역할을 배분한다.

개념 협력적 수업 설계에서의 '역할'은 팀의 비전 달성을 위해 수행해야 할 팀원들의 행위를 말한다. 예를 들어, 팀 촉진, 회의 내용 기록, 자료 정리, 설계 공간 준비 등이 있다.

방법 및 절차
① 팀원들은 설계 활동에 필요한 역할들을 브레인스토밍한다.
② 팀원들은 브레인스토밍을 통해 나열된 역할들을 유사성을 중심으로 정리한다.
③ 팀원들은 정리된 역할의 필요성에 대해 토론하고, 최종적으로 필요한 역할을 결정한다.
④ 팀원들은 자신의 특성과 희망을 고려하여 역할을 선택한다.

유의 사항 팀은 브레인스토밍 시, 모든 활동마다 수행해야 하는 행위 혹은 각 단계에서 초점이 되는 내용을 중심으로 역할을 나열할 수 있다. 또한, 고정 역할과 설계 활동별 순환 역할로 구분하여 세분화할 수 있다. 이때, 설계 과정에서 추가적으로 필요한 역할이 발생할 수도 있다.

성찰 질문

Q1. 설계 팀의 활동에 필수적인 역할들이 도출되었는가?

Q2. 설계 팀은 팀원들의 특성과 희망 등에 적합한 역할을 배분하였는가?

T-2-2 팀이 필요한 자원에 대해 논의하고, 주어진 상황과 조건을 고려하여 결정한다.

개념 '자원'이란 협력적 수업 설계 팀 활동에 필요한 물리적 자원(예 : 필기도구, 수업설계카드, 서적 등), 경제적 자원, 인적자원 등이며, 조건은 교사 팀이 활용할 수 있는 시간, 예산, 제도 등을 말한다.

방법 및 절차

① 팀원들은 설계 활동에 필요한 자원들을 브레인스토밍한다.

② 팀원들은 자신이 브레인스토밍한 자원들을 설명한다.

③ 팀원들은 브레인스토밍된 자원들을 물리적 자원, 인적자원 등으로 분류한다.

④ 팀원들은 교사 팀에게 주어진 상황적 조건을 고려하여 나열된 자원 목록의 우선순위를 정하고 필요한 자원을 결정한다.

유의 사항 팀에게 필요한 자원 중 인적자원 확보는 연수 및 컨설팅 등으로 진행될 수 있다. 또한, 팀원들이 브레인스토밍한 자원들 중 팀 구성원들이 공통적으로 필요한 자원을 우선적으로 확보하는 것이 효과적이다. 만약, 교사 팀에게 필요한 자원이 축소되지 않을 경우, 팀원 간의 토론 혹은 투표 과정을 통해 결정할 수 있다.

성찰 질문

Q1. 설계 팀에게 필요한 자원을 결정하고 확보하였는가?

Q2. 설계 팀이 확보하고자 하는 자원은 팀 활동의 효율성 및 효과성을 향상시키는가?

T-2-3 팀의 협력적 수업 설계를 위한 팀 규칙에 대해 논의하고, 팀원들의 상황을 고려하여 결정한다.

개념 '팀 규칙'은 설계 팀이 설계 활동을 하면서 공동으로 지켜야 할 약속을 의미한다.

방법 및 절차

① 팀원들은 설계 활동 과정에서 지켜야 할 규칙들을 브레인스토밍한다.

② 팀원들은 자신이 브레인스토밍한 규칙들을 설명한다.

③ 팀원들은 브레인스토밍한 규칙들을 유형화한다.

④ 팀원들의 개별적인 상황을 고려하여 전체 팀원이 합의한 핵심적인 규칙을 결정한다.

유의 사항 팀 규칙으로 모임 시간, 발언 방법 등이 포함될 수 있다. 팀 규칙은 팀 상황에 따라 설계 단계마다 추가할 수 있으며 창의적인 활동을 제한하지 않도록 유의해야 한다.

성찰 질문

Q1. 설계 팀의 규칙을 팀원들이 공유하고 있는가?

Q2. 설계 팀의 규칙은 팀원들의 협력을 촉진하는가?

팀의 협력적 수업 설계를 위한 팀 일정에 대해 논의하고, 팀원들의 상황을 고려하여 결정한다.

개념 '팀 일정'은 교사 팀의 설계 활동 스케줄이며 설계 활동의 내용과 일시 등을 말한다.

방법 및 절차

① 교사 팀은 협력적 수업 설계 모형을 참고하여 잠정적으로 필요한 활동 목록을 작성한다.

② 팀원들은 활동 목록 중 자신의 상황을 고려하여 추가, 삭제, 수정해야 할 내용을 설명한다.

③ 팀원들의 토론을 통해 최종적인 팀 활동 목록을 결정하고 잠정적인 일정을 작성한다.

④ 팀원들의 상황을 고려하여 일정을 구체화한 후 전체적으로 공유한다.

유의 사항 팀 일정과 진행 상황을 전체 팀원들이 참고할 수 있도록 온라인 공간에 공유하는 것이 효과적이다. 교사 팀의 일정은 개별 팀원들의 학사일정, 수업 시간표, 기타 상황 등을 고려하여 결정해야 한다. 교사 팀은 공식적인 모임 시간뿐만 아니라 친밀감을 형성하기 위한 비공식적인 시간을 확보할 필요가 있다.

성찰 질문

Q1. 설계 팀의 일정은 협력적 수업 설계에 필요한 활동을 포함하고
있는가?

Q2. 설계 팀의 일정은 팀과 팀원들의 상황을 모두 고려하여 결정되
었는가?

2. 분석하기

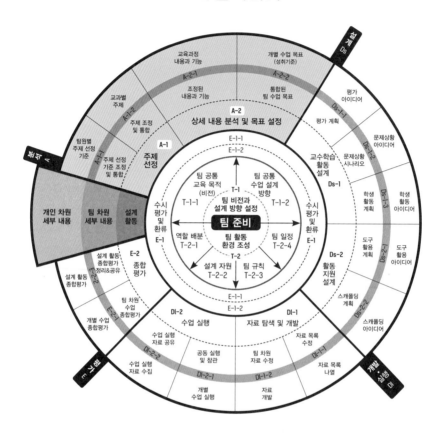

분 석 단계는 교사 팀이 설계하고자 하는 수업의 주제와 목표를 설정하는 단계이다. 이 단계는 수업의 구체적인 평가와 활동의 방향에 영향을 미친다. 현장 교사들은 수업의 주제, 기능, 내용 등에 대한 분석에 초점을 맞추는 경향이 있다. 여기서 말하는 학습자 분석은 협력적 수업 설계 전 과정에서 고려되는 요소이며 환경 분석은 설계

단계와 통합하여 진행된다. 분석 단계는 A-1, A-2의 설계 활동으로 구성된다.

A-1 주제 선정

A-1 설계 활동에서는 교사 팀이 설계할 주제를 결정한다. 주제는 내용과 기능 등이 결합되어 있는 빅아이디어가 되며 다양한 활동을 촉발하는 기능을 한다. A-1 설계 활동은 A-1-1, A-1-2 세부 내용으로 구체화된다.

A-1-1 팀원들은 주제 선정 기준에 대해 논의하고 조정한다.

개념 '주제 선정 기준'은 팀이 공동으로 다룰 주제 선정의 기준 혹은 범위를 말한다.

방법 및 절차
① 팀원들은 주제 선정 기준에 대해 자유롭게 브레인스토밍한다.
② 팀원들은 각각의 주제 선정 기준에 대해 설명한다.
③ 교사 팀은 주제 선정 기준을 유목화하고 정리한다.

유의 사항 주제 선정 기준에는 팀원들의 전공, 관심사, 상황, 담당

학년, 학습자 수준 등이 포함될 수 있다. 만약, 설계할 주제가 팀원들의 상황에 맞게 추려진 상태이거나 이미 정해진 팀에서는 이 과정을 생략할 수 있다. 또한, 선정된 주제에 따라 팀이 설정한 수업 설계 방향이 수정될 수도 있다.

성찰 질문

Q. 주제 선정 기준은 팀 비전과 설계 방향에 적합한가?

> **A-1-2** 팀원들은 협력적 수업 설계할 주제들을 나열하고, 주제 선정 기준에 적합한 주제로 통합 및 선정한다.

개념 '주제'는 교사 팀이 공동으로 다뤄야 하는 포괄적이고 핵심적인 내용 혹은 활동이며 빅아이디어나 핵심개념이 될 수 있다.

방법 및 절차

① 팀원들은 협력적 수업 설계에 적합한 주제를 모두가 볼 수 있도록 나열한다.

② 주제를 나열한 후 각 주제의 맥락을 깊이 있게 이해할 수 있도록 설명한다.

③ 팀원들은 이해되지 않는 내용에 대해 질문하고 답변하는 시간을

갖는다.

④ 나열된 주제들을 유사한 것끼리 유형화한다.

⑤ 주제 선정 기준에 적합한 주제에 대해 논의하고, 가장 적합성이 높은 주제로 선정 및 통합한다.

유의 사항 주제는 학문 통합 방식이나 교사 참여 유형 등에 따라 다양하게 나타날 수 있다. 주제에 대한 브레인스토밍 시 포스트잇, 수업설계카드 등을 활용하면 시각화, 유형화에 도움이 될 수 있다.

성찰 질문

Q1. 협력적 수업 설계에 적합한 주제들이 충분히 나열되었는가?

Q2. 팀원들이 설명한 주제를 명확하게 이해하였는가?

A-2 상세 내용 분석 및 목표 설정

A-2 설계 활동에서는 주제에 대한 교육과정상의 내용 및 기능요소를 분석하고, 목표를 결정한다. A-2 설계 활동은 A-2-1, A-2-2 세부 내용으로 구체화된다.

> **A-2-1** 팀원들은 선정된 주제와 관련하여 학습자들이 학습해야 할 내용요소와 기능요소를 나열하고, 팀 차원에서 핵심적으로 반영할 내용과 기능을 조정한다.

개념 '내용요소'는 학습자들이 학습해야 할 세부 내용이며, '기능요소'는 학습자들이 수행해야 할 세부적인 활동을 말한다.

방법 및 절차

① 교사 팀이 선정한 주제와 관련하여 내용요소와 기능요소를 브레인스토밍한다.

② 팀원들은 자신이 나열한 내용요소와 기능요소에 대해 설명한다.

③ 팀원들이 설명한 내용 중 유사한 것끼리 통합한다.

④ 팀원들이 설명한 내용 중 적절하지 않은 내용에 대해 토론하고 삭제한다.

유의 사항 교육과정에서 제시한 내용요소와 기능요소를 활용할 수 있다. 팀원이 설명한 내용요소와 기능요소 중 학생들의 수준, 교육과정 범위, 학습환경 등에 적합하지 않은 것들을 조정한다. 만약, 교육과정에 내용요소와 기능요소가 제시되지 않은 경우, 교사 팀이 세운 팀 비전과 설계 방향, 선정된 주제를 참고하여 작성할 수 있다.

성찰 질문

Q1. 주제와 관련된 내용요소와 기능요소가 모두 나열되었는가?

Q2. 설계에 반영할 내용요소와 기능요소로 조정되었는가?

A-2-2 팀원들은 내용요소, 기능요소 등을 결합하여 통합된 수업 목표로 진술한다.

개념 '통합된 수업 목표'란 개별 교과(전공)의 목표들을 통합한 목표이며 해당 수업이 달성하고자 하는 최종적인 결과를 말한다.

방법 및 절차

① 팀원들은 조정된 내용요소, 기능요소의 세부 내용을 나열한다.

② 나열된 내용들을 개별 교과 수업 혹은 학생 활동 단위에 맞게 통합하여 수업 목표로 기술한다.

③ 팀원들은 각각의 수업 목표가 적절하게 기술되었는지 토론한 후 결정한다.

④ 팀원들은 각각의 수업 목표를 통합할 수 있는 핵심 키워드에 대해 토론한다.

⑤ 팀원들은 핵심 키워드를 결합하여 수업 전체의 통합된 목표를 문장으로 진술한다.

유의 사항 목표 설정은 두 가지 방식을 취할 수 있다. 첫째, 귀납적 방식은 앞에서 논의한 내용을 바탕으로 개별 팀원들이 자신의 교과(전공) 수업 목표를 조정한 후 각각의 수업 목표를 통합하여 팀 공동의 수업 목표를 선정하는 방식이다. 둘째, 연역적 방식은 앞에서 조정한 성취기준을 바탕으로 교사 팀의 공동 수업 목표를 설정한 후 개별 팀원들의 수업 목표를 정하는 방식이다. 이때, 통합된 수업 목표는 수업을 통해 기르고자 하는 역량의 구체적인 내용을 참고하여 진술할 수 있다.

성찰 질문

Q1. 통합된 수업 목표는 팀이 선정한 내용요소 및 기능요소를 포괄하는가?

Q2. 통합된 수업 목표를 구체화한 교과별 혹은 활동별 수업 목표가 수립되었는가?

3. 설계하기

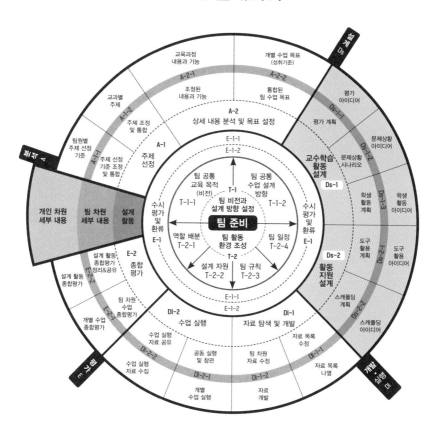

　　설계 단계에서는 이전 단계의 분석 내용을 토대로 구체적인 평가 내용 및 방법, 문제상황, 학생 활동, 도구, 스캐폴딩을 정하게 된다. 설계 단계는 Ds-1, Ds-2의 설계 활동으로 구성된다.

Ds-1 교수학습 활동 설계

Ds-1 설계 활동에서는 앞에서 도출한 목표를 구체화하여 수업 및 평가 활동을 구체적으로 계획한다. Ds-1 설계 활동은 Ds-1-1, Ds-1-2, Ds-1-3 세부 내용으로 구체화된다.

Ds-1-1 수업 목표에 적합한 평가 아이디어에 대해 논의하고, 최종 결과와 활동 과정상의 평가 내용 및 방법을 조정한다.

개념 '최종 결과의 평가 내용'은 통합된 수업 목표에 따라 평가하고자 하는 최종 학습활동(산출물) 내용이며 '활동 과정의 평가 내용'은 최종 학습활동(산출물)에 이르는 과정에서 세부 학습목표에 따라 평가되어야 하는 내용을 말한다.

방법 및 절차

① 팀원들은 통합된 수업 목표에 적합한 최종 결과의 평가 내용을 브레인스토밍한 후 아이디어에 대해 설명한다.

② 팀원들은 수업 목표, 팀 비전, 설계 방향 등을 기준으로 각 아이디어에 대해 토론하고 최종 평가 내용을 결정한다.

③ 팀원들은 최종 평가 내용과 세부 수업 목표에 적합한 평가 내용을 브레인스토밍한 후 아이디어에 대해 설명한다.

④ 팀원들은 수업 목표, 최종 평가 내용 등에 근거하여 각 아이디어

에 대해 토론하고 활동 과정에 필요한 평가 내용을 결정한다.

유의 사항 최종 평가 내용은 팀의 주제 선정 단계에서 이미 결정될 수도 있다. 이러한 경우, 최종 평가 내용 조정을 생략할 수 있다. 평가 내용은 수업 목표 중 도달 여부를 반드시 확인해야 한다고 생각하는 것이므로 세부 수업 목표와 평가 내용의 개수가 일치할 필요는 없다. 평가 계획을 논의하면서 개별 교사 및 과목별 피드백 방안을 함께 논의하는 것이 좋다.

성찰 질문

Q1. 통합된 수업 목표에 적합한 최종 결과(산출물)와 평가 내용이 결정되었는가?

Q2. 최종 결과(산출물)의 평가 내용과 연계되는 과정상의 평가 내용이 결정되었는가?

Ds-1-2 팀원들은 문제상황에 대한 아이디어들을 나열하고, 논의를 통해 조정한다.

개념 '문제상황'은 학생들의 학습활동을 유발하고 전체 학습활동을 포함하는 실생활 맥락을 말한다.

방법 및 절차

① 팀원들은 학습목표와 평가 내용을 포괄하는 실생활 맥락에 대한 아이디어를 나열하고 설명한다.

② 팀원들은 학습자의 흥미, 수준, 실제성 등을 기준으로 아이디어에 대해 토론하고 적합한 맥락을 설정한다.

③ 팀원들이 설정한 맥락에 따른 구체적인 이야기 내용에 대해 아이디어를 나열하고 설명한다.

④ 팀원들은 문제상황의 내용이 최종 평가 혹은 과정 평가 내용을 암시하거나 포괄하도록 토론을 통해 조정한다.

유의 사항 문제상황은 문제 맥락, 문제 표현, 문제 조작 공간을 고려하여 조정될 수 있다. 이때의 문제 맥락은 학생이 처한 사회문화적, 조직적 환경이며 문제 표현은 학습자의 관심을 끌고, 몰입할 수 있게 하는 표현이다. 또한, 문제 조작 공간은 학생들의 학습활동이 영향을 미치는 대상이나 사용 가능한 도구를 말한다.

성찰 질문

Q1. 문제상황은 학습활동을 이끌어 가는 데 적합한가?

Q2. 문제상황은 학습자의 흥미를 끌고, 몰입할 수 있도록 구성되었는가?

개념 '활동 아이디어'란 최종 학습활동(산출물), 과정 평가 내용, 문제상황에 대한 구체적인 학습활동 아이디어를 말한다.

방법 및 절차

① 팀원들은 최종 학습활동(산출물) 및 과정 평가 내용을 근거로 학습자들이 수행해야 할 활동 아이디어들을 설명하고 시각적으로 나열한다.

② 팀원은 토론을 통해 나열된 활동 아이디어들을 논리적인 흐름에 따라 재조정한다.

③ 팀원들은 수업 목표를 근거로 아이디어의 적합성에 대해 토론하고 불필요한 것은 삭제, 필요한 것은 선택 및 추가한다.

유의 사항

학습활동은 세부 수업 목표, 과정 평가 내용을 포함하는 형태로 나타난다. 학습자의 흥미, 수업 상황을 고려하여 다양하고 풍부한 학습활동을 구성할 수 있다. 활동 아이디어 나열 시에는 포스트잇, 수업설계카드 등을 활용할 수 있다. 이때, 분석 단계에서 도출한 내용요소와 기능요소를 활동 아이디어로 나열한다. 활동 아이디어 조정시 팀원들의 수업 시간표, 진도 계획 등을 고려할 필요가 있다.

성찰 질문

Q1. 활동 아이디어는 세부 수업 목표 및 평가 내용과 연결되는가?

Q2. 활동 아이디어는 학습자들의 흥미, 수준, 문제상황에 적합한가?

Ds-2 활동 지원 설계

Ds-2 설계 활동 단계에서는 학생 활동 및 교사 평가 활동에 활용할 도구와 스캐폴딩을 설계한다. 이때, 도구는 반드시 테크놀로지만을 의미하는 것이 아니다. 학생들이 수업 목표에 도달하고 효과적으로 수행하기 위한 도구가 모두 포함된다. 또한, 학생들의 목표 도달 및 수행 향상을 위해서는 교사의 도움 즉 스캐폴딩이 필요하다. Ds-2 설계 활동은 Ds-2-1, Ds-2-2 세부 내용으로 구체화된다.

> **Ds-2-1** 학생들과 교사의 평가 활동을 지원하는 도구들을 각각의 활동과 연결하고, 공동의 논의를 통해 조정한다.

개념 '도구'란 학생의 학습활동이나 교사의 평가 활동에 활용되는 학습 매체를 말한다. 예를 들어, 교과서, 소셜네트워크서비스SNS, 클라우드서비스, 각종 어플리케이션 등이 포함될 수 있다.

방법 및 절차

① 팀원들은 앞 단계에서 조정한 각각의 학습활동 및 평가 활동에 적합한 도구를 자유롭게 나열한다.

② 팀원들은 자신이 연결한 도구 활용 아이디어에 대해 설명한다.

③ 팀원들은 학습자 활용 수준, 학습환경 등을 기준으로 각각의 아이디어에 대해 토론한다.

④ 팀원들은 토론 결과를 반영하여 최종적으로 사용할 도구들을 결정한다.

유의 사항 도구에 대한 팀원들의 지식이 부족하다면 팀 리더는 사전에 도구 목록을 제공하거나 도구 활용 방법을 안내하는 시간을 가지는 것이 좋다. 학생들의 도구 활용 역량이 부족할 경우, 수업 초기에 도구 활용 방법을 안내하는 시간을 포함시키는 것이 바람직하다. 학교(단체)가 보유하고 있는 도구의 개수가 제한된 경우에는 구체적인 사용 시간을 협의하여 조정할 필요가 있다.

성찰 질문

Q1. 선정된 도구는 학생들의 학습활동과 교사의 평가 활동을 지원하는 데 적절한가?

Q2. 선정된 도구는 학생들의 수준과 학습환경을 고려하여 결정된 것인가?

각 활동에서 학습자들에게 필요한 스캐폴딩을 나열하고, 공동의 논의를 통해 조정한다.

개념 '스캐폴딩'은 학습자가 유의미한 학습활동을 수행할 수 있도록 교사가 제공하는 도움을 말한다.

방법 및 절차

① 팀원들은 앞 단계에서 조정한 학습활동과 도구를 고려하여 학습자에게 필요하다고 판단되는 교사의 스캐폴딩을 자유롭게 나열한다.

② 팀원들은 각자 나열한 스캐폴딩 아이디어에 대해 토론한다.

③ 팀원들은 학습자 관점과 수준에서 스캐폴딩 아이디어에 대해 토론한다.

④ 팀원들은 토론 결과를 반영하여 최종적으로 제공할 스캐폴딩을 결정한다.

유의 사항 스캐폴딩 유형은 개념적·절차적·전략적·메타인지적 스캐폴딩으로 구분될 수 있다. 개념적 스캐폴딩은 학습자가 어떤 내용을 학습해야 하는가에 대한 안내, 절차적 스캐폴딩은 학습활동의 순서나 절차에 대한 안내, 전략적 스캐폴딩은 문제해결 및 과제 성취와 관련된 지침 안내, 메타인지적 스캐폴딩은 모니터링이나 자기성찰과 관련된 안내를 말한다.

성찰 질문

Q. 학생들의 학습활동 수행을 효과적으로 지원하는 스캐폴딩이 제
공되는가?

4. 개발·실행하기

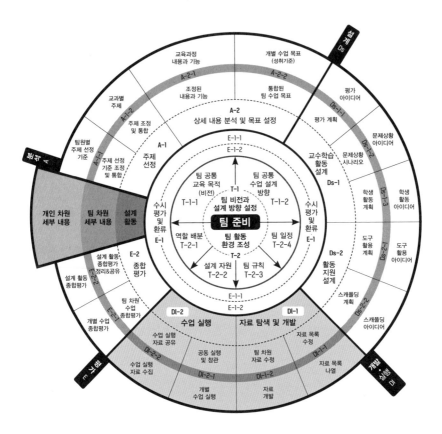

　개발 및 실행 단계에서는 구체적인 자료를 탐색 및 개발하고, 실제 수업을 실행한다. 개발 및 실행 단계는 DI-1, DI-2의 설계 활동으로 구성된다.

DI-1 자료 탐색 및 개발

DI-1 설계 활동에서는 협력적 수업 설계한 내용을 토대로 학습 자료를 탐색하고 개발한다. 팀원들이 필요한 자료 목록을 조정하거나 추가적으로 개발하는 활동을 한다. DI-1 설계 활동은 DI-1-1, DI-1-2 세부 내용으로 구체화된다.

> **DI-1-1** 팀의 학습활동 설계안 및 개별 교사의 설계안에 근거하여 팀원들이 개별적으로 활용할 자료 목록을 나열하고, 팀원들의 논의를 통해 조정한다.

개념 '자료'는 교사 또는 학생들이 활용할 워크시트, 참고 자료, 물리적 도구 등을 포함한다.

방법 및 절차

① 팀원들은 설계안상의 각 교수학습 활동에 필요한 자료를 자유롭게 나열한다.

② 팀원들은 수업 목표에 근거하여 토론을 통해 나열된 자료들을 조정하거나 추가한다.

③ 팀원들은 조정된 자료 목록 중 탐색할 자료와 개발해야 할 자료로 구분한다.

④ 팀원들은 공동 혹은 개별적으로 개발해야 할 자료를 구분한다.

⑤ 팀원들은 자료 개발 일정 및 역할 분담에 대해 논의 및 결정한다.

유의 사항

자료는 탐색 자료와 개발 자료로 나눌 수 있다. 탐색 자료는 인터넷, 도서관 등을 통해 확보 가능하고, 개발 자료는 교사가 개별적으로 혹은 협력적으로 개발할 수 있다. 이때, 자료는 수업 목표뿐만 아니라 교사 팀이 처한 자료 탐색 조건 및 개발 조건을 고려하여 조정할 수 있다.

성찰 질문

Q1. 학습목표 및 학습활동에 필요한 자료가 선택되었는가?

Q2. 탐색 및 개발하고자 하는 자료는 팀이 처한 상황에서 확보할 수 있는 것인가?

DI-1-2 팀원들은 학습자의 입장에서 동료의 탐색 자료 및 개발 자료에 대한 검토 의견을 제시하고, 자료를 제작 및 수정한다.

개념 '자료'는 교사 또는 학생들이 활용할 워크시트, 참고 자료, 물리적 도구 등을 포함한다.

방법 및 절차

① 팀원들은 자신이 탐색하거나 개발한 자료에 대해 설명한다.

② 팀원들은 학습목표에 근거하여 탐색하거나 개발한 자료에 대해 토론한다.

③ 팀원들의 의견을 반영하여 탐색하거나 개발한 자료를 수정 및 보완한다.

④ 팀원들은 수정·보완한 자료를 공유하고, 다시 팀원들의 의견을 바탕으로 수정·보완 과정을 반복한다.

유의 사항

자료 개발 시 프로토타입 개발과 수정·보완의 과정을 반복함으로써 자료의 효과성을 향상시킬 수 있다. 협력적으로 자료를 개발할 경우, 온라인 협업 도구를 활용할 수 있다. 개발한 자료는 학습자 관점에서 검토하고 공동의 자료임을 인식해야 한다.

성찰 질문

Q. 개발된 자료는 학생들의 학습활동을 효과적으로 지원하는가?

DI-2 수업 실행

DI-2 설계 활동에서는 앞 단계에서 설계하고 개발한 내용을 토대로 수업을 실행한다. 수업 실행은 공동으로 혹은 개별적으로 진행할 수 있다. DI-2 설계 활동은 DI-2-1, DI-2-2 세부 내용으로 구체화된다.

DI-2-1 팀원들은 협력적 수업 설계안에 근거하여 수업을 실행한다.

개념 '수업 실행'은 설계안과 자료를 활용하여 교수학습 활동을 진행하는 것을 말한다.

방법 및 절차
① 수업 실행 교사는 실행 전에 참여 교사들을 파악하고 협력할 내용을 협의한다.
② 개별 실행의 경우에는 자신의 설계안에 기초하여 단독으로 수업을 실행한다.
③ 공동 실행은 공동의 설계안에 기초하여 하나의 수업 안에서 역할을 분담하여 실행한다.

유의 사항 수업 참관의 경우, 수업 실행 교사가 수업의 주요 내용과 관찰이 필요한 부분을 동료들에게 미리 설명하는 것이 효과적이다. 수업 지원의 경우, 수업 실행 교사가 지원받을 내용을 미리 동료들에게 설명하는 것이 효과적이다. 또한 수업 실행 교사는 협력적 수업 설계로 진행되는 전체 수업 과정을 학생들에게 확인시켜 주고, 본 수업이 갖는 의미에 대해 설명할 필요가 있다.

성찰 질문

Q1. 팀원들은 설계안에 근거하여 수업을 실행하였는가?

Q2. 팀원들은 수업 실행 전에 협력할 내용을 상의하고, 적절하게 역할 분담하였는가?

Ds-2-2 학생들과 교사의 평가 활동을 지원하는 도구들을 각각의 활동과 연결하고, 공동의 논의를 통해 조정한다.

개념 '수행 과정과 결과 자료'는 수업 목표 및 평가 내용에 근거하여 학생들이 실제 나타낸 말, 글, 그림, 행동, 산출물 등의 활동 자료를 말한다.

방법 및 절차

① 팀원들은 평가 내용 및 방법에 근거하여 수업 실행 전에 수집할 자료의 종류를 확인한다.

② 팀원들은 기존에 결정된 자료 외에 협력적으로 수집할 자료에 대해 설명한다.

③ 팀원 간의 토론을 통해 추가적으로 확보할 자료의 종류와 수집 방법을 결정하고 역할을 배분한다.

④ 팀원들은 수업을 실행하는 과정 중 혹은 종료 시에 계획된 자료

를 수집한다.

⑤ 팀원들은 수집된 자료를 수업 실행 교사 혹은 팀원들에게 공유
한다.

유의 사항 자료의 종류는 사전에 결정된 평가 내용 및 방법에 근거
한 것이어야 한다. 단, 수업 목표의 도달 여부 및 수업의 효과 등을
입체적으로 살펴보기 위해 사전에 계획되지 않은 질적 자료들을 수
집할 필요가 있다. 추가적으로 수집될 수 있는 자료는 학생들의 반
응에 대한 관찰, 인터뷰, 학습 분위기 등이 될 수 있다. 수업 실행을
통해 수집한 자료를 공유하기 위해서는 온라인 소통 공간을 활용하
는 것이 효과적이다.

성찰 질문

Q1. 수업 실행 중·후에 수집된 자료는 학생들의 학습목표 도달 여
부를 파악하는 데 적합한가?

Q2. 수업 실행 중·후에 수집하고자 하는 자료는 수업 실행자가 수
집 가능한가?

5. 성찰·평가하기

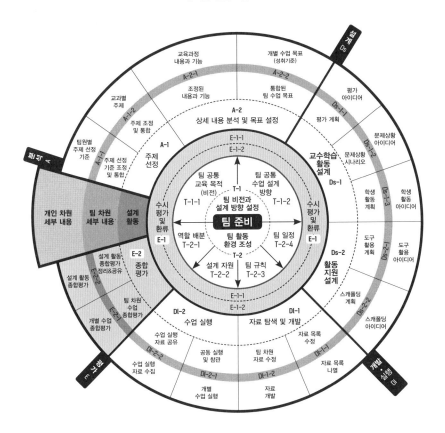

평가 단계에서는 모든 설계 활동마다 수행하는 형성평가와, 수업과 설계 활동을 모두 종료한 뒤에 그 효과성을 파악하는 총괄평가가 진행될 수 있다. 평가 단계는 E-1, E-2의 설계 활동으로 구성된다.

E-1 수시 평가 및 환류

　E-1 설계 활동에서는 협력적 수업 설계 과정과 실제 수업 과정을 평가한다. 일종의 형성평가 활동으로, 설계 활동과 수업의 질 개선을 목적으로 한다. 형성평가의 결과는 교사 팀에게 환류되어 이전 단계의 활동을 수정·보완하거나 다음 단계에 반영한다. E-1 설계 활동은 E-1-1, E-1-2 세부 내용으로 구체화된다.

> **E-1-1** 수업 실행 과정에서 수집한 학습(평가) 자료에 근거하여 성찰 및 평가한 내용을 공유하고 설계한 수업을 공동으로 개선한다.

개념 '성찰 및 평가'는 자신 혹은 동료의 수업과 설계 과정에 대한 양적·질적인 형성평가로서 수업과 설계 활동의 개선을 목적으로 진행되는 것이다.

방법 및 절차

① 팀원들은 설계 단계에서 마련한 평가 기준에 근거하여 학습 과정 및 결과를 성찰·평가하고 팀원들과 공유한다.

② 팀원들은 동료가 성찰·평가한 내용에 대한 토론을 진행하고, 개선해야 할 사항을 도출한다.

③ 팀원들은 토론을 통해 도출된 개선 사항을 반영하여 수업 설계안 및 실행 전략을 수정한다.

유의 사항 수업 실행 교사의 수업이 반복적으로 진행되는 경우에는 수정된 수업 설계안과 실행 전략을 토대로 수업을 개선하는 것이 바람직하다. 반면, 수업 실행 교사의 수업이 1회로 종료되는 경우에는 수업의 성찰·평가 내용을 토대로 추후 진행되는 동료의 수업 설계 안과 실행 전략을 수정할 수 있다. E-1-1에서 기록된 모든 내용은 온라인 소통 공간에서 공유하는 것이 효과적이다.

성찰 질문

Q1. 수집한 자료에 근거하여 학습목표 혹은 학습자 관점에서 성찰·평가하였는가?

Q2. 성찰·평가한 내용을 바탕으로 수업 설계를 수정하였는가?

E-1-2 각 단계별 협력적 수업 설계 목표(미션)에 근거하여 활동 결과를 성찰하고 평가한다.

개념 단계별 설계 활동에 대해 팀원들이 활동 과정과 결과를 성찰하고 평가하는 팀 활동이다.

방법 및 절차

① 팀원들은 각 단계의 협력적 수업 설계 목표를 확인한다.

② 팀원들은 각 단계의 협력적 수업 설계 목표를 참고하여 자신과 팀 활동에 대해 성찰한 내용을 설명한다.

③ 팀원들은 다음 단계의 협력적 수업 설계 활동에 반영해야 할 내용에 대해 토론한다.

④ 팀원들은 토론을 통해 합의한 내용을 공유하고 추후 팀 활동 시 반영한다.

유의 사항 협력적 수업 설계 과정에 대한 평가는 팀 활동 시 추가적으로 진행하는 것이 좋다. 즉, 팀원들은 마지막 단계가 아니라 각각의 활동마다 팀 활동을 성찰 및 평가하는 것이 바람직하다. 협력적 수업 설계의 단계별 목표는 설계 모형상의 세부 내용이나 성찰 질문을 활용할 수 있다.

성찰 질문

Q1. 협력적 수업 설계 과정에 대해 성찰·평가하고 있는가?

Q2. 협력적 수업 설계 과정의 성찰·평가 결과를 반영하고 있는가?

E-2 종합평가

E-2 설계 활동에서는 협력적 수업 설계의 활동과 실제 수업의 과정 및 결과를 종합적으로 성찰·평가한다. 일종의 총괄평가로서 단지 수업만 평가하는 것이 아니라 팀 활동에 대해서도 평가한다. E-2

설계 활동은 E-2-1, E-2-2 세부 내용으로 구체화된다.

> **E-2-1** 수업 실행 과정에서 나타난 학습(평가) 결과를 검토한 후 설계 초기에 설정한 수업 목표에 근거하여 종합적으로 평가한다.

개념 '종합평가'는 협력적 수업 설계에 따른 전체 수업을 종료한 후 수업의 목표 도달 여부를 판단하는 종합적이고 최종적인 평가이다.

방법 및 절차

① 팀원들은 각각의 수업 실행 결과를 종합적으로 성찰·평가하고, 수업 목표의 도달 여부를 실제 자료에 근거하여 설명한다.

② 팀원들은 서로의 수업에 대해 질의·응답하고 각각의 수업에 대한 성찰·평가 내용을 정리한다.

③ 팀원들은 개별 수업에 대한 평가를 참고하여 팀 공동의 수업 목표에 도달하였는지의 여부에 대해 토론한다.

④ 팀원들은 협력적 수업 설계에 따른 수업의 종합평가 결과를 정리하고 그 결과를 팀원과 외부에 공유한다.

유의 사항 종합평가 시에는 학업성취도뿐만 아니라 역량평가 결과를 활용할 수 있다. 또한 관찰, 인터뷰 등의 질적 자료에 근거하여 종합평가할 수 있다.

성찰 질문

Q. 학습활동 전체에 대한 종합적인 성찰·평가가 이뤄졌는가?

> **E-2-2** 팀 비전을 기준으로 협력적 수업 설계의 전체 과정 및 결과에 대해 성찰하고 평가한다.

개념 '전체 과정에 대한 협력적 수업 설계 평가'는 단계별 팀 활동이 아닌, 협력적 수업 설계 전체 과정에 대한 팀원들의 성찰·평가를 말한다.

방법 및 절차

① 팀원들은 팀 비전을 참고하여 협력적 수업 설계의 전체 과정 및 결과에 대해 성찰·평가한 내용을 자유롭게 설명한다.

② 팀원들은 공통적으로 성찰·평가한 내용을 분류하고, 팀원 간 서로 다른 의견이 존재하는 내용에 대해서 토론한다.

③ 팀원들은 최종적인 성찰·평가 결과를 정리하고 공유한다.

유의 사항 협력적 수업 설계 과정을 팀 비전뿐만 아니라 개별적인 목적 및 만족도 등에 따라 자유롭게 성찰·평가하는 시간을 갖는다. 또한, 팀별 상황에 따라 전체 과정을 외부 공동체와 공유하는 시간을 마련하고 협력적 수업 설계 경험이 확산될 수 있도록 한다.

성찰 질문

Q. 팀 비전을 실현할 수 있는 협력적 수업 설계가 진행되었는가?

협력적 수업 설계 모형에 적용된
분산인지 이론

분산인지는 인간의 인지가 개인 내에만 존재하는 것이 아니라 사회적·물리적 환경에 분산되어 있다는 인지 이론으로부터 출발하였다. 분산인지 이론에서는 개인 내부의 과정만으로 인지를 일으킨다는 전제에 의문을 제기하며, 환경에 존재하는 사회적 맥락과 인공물(도구)이 개인의 인지를 초월하는 인지 시스템을 만들어 낸다고 주장한다. 예를 들어, 인간의 협력적인 작업에서 팀원들이 기록한 문서는 팀 구성원의 중요한 정보를 담고 있을 뿐만 아니라 팀 구성원 간 혹은 다른 팀 구성원에게 정보를 공유하고 의견을 조정하는 메커니즘으로 작용할 수도 있다. 분산인지 연구자들은 인간의 환경에 존재하는 대상들의 특징적인 역할에 관심을 갖고, 도구와 인간이 하나의 통합된 시스템을 구성한다고 주장하였다. 이러한 관점에서 분산인지는 사람 간의 협력에만 관심을 가졌던 기존의 이론들을 확장시키고 있다.

분산인지는 학습 및 업무 현상을 분석하는 관점을 개인의 외부로 확장하였다는 장점과 더불어 몇 가지 이점을 제공하고 있다. 우선, 분산인지는 자연적인 현상을 분석하는 것 뿐만 아니라 인위적으로 분산인지 시스템을 설계하는 기반으로 활용될 수 있다.

또한, 분산인지는 개인의 인지적 부담을 설계된 시스템으로 분산시킬 수 있다. 분산인지에서 사회적 구성원과 물리적 인공물은 인간의 인지적 능력을 확장시켜 준다. 인공물 없이 불가능하거나 비효율적이었던 수업 설계 활동을 분산인지 시스템을 통해 가능하도록 하는 것이다. 또한, 테크놀로지와 같은 인공물의 능력을 개인의 능력으로 내면화할 수도 있다. 인공물 사용이 개인에게 일종의 인지적 잔재 Cognitive residue를 남기는 것이다. 인공물을 반복적으로 사용하게 되면 그 인공물이 제거된 후에도 특정 과제를 수행할 수 있다.

특히, 협력적 상황에서의 학습과 업무를 촉진해야 하는 설계자에게 분산인지는 유용한 관점을 제공한다. 협력적 수업 설계는 다양한 신념, 전공, 경험을 지닌 구성원들의 결합을 통해 진행되므로, 설계 팀은 하나의 분산인지 시스템 내에서 활동하게 된다. 이때, 설계 팀 내부의 구성원과 각종 인공물들은 팀의 목적을 이루기 위해 필요한 존재가 된다. 분산인지는 구성원들 간의 협력을 통하여 창조적인 지적 활동이 가능한 시스템을 설계하는 데 사용될 수 있다. 구성원들은 설계된 분산인지 시스템을 통해 협력적 관계를 효과적으로 형성하고 아이디어를 공유할 수 있기 때문이다.

협력적 수업 설계는 팀 활동이다. 팀은 개별 구성원들의 인지를 넘어 사회적으로 분산된 인지 간의 통합과 조정을 통해 공동의 목적을 달성할 수 있다. 이때, 효과적인 설계 모형은 협력적 수업 설계 팀을 분산인지 시스템으로 구축하는 데 도움이 될 수 있다. 업무 활동에서의 협력을 강조한 분산인지 연구들을 종합할 때, 협력적 수업 설계에 도움이 되는 분산인지의 몇 가지 시사점을 정리하면 다음과 같다.

"수업 설계 팀에 참여한 구성원들의 지식을 공유할 필요가 있다."

협력적 수업 설계에 참여한 구성원들은 다양한 지식과 경험을 지니고 있으며 설계하고자 하는 수업에 대한 의견이 동일하지 않을 수 있다. 즉, 개별 교사들이 형성하고 있는 정신 모델을 명시적 지식으로 명료화하는 과정이 필요하다. 이때, 단순히 음성 언어를 통해 의견을 공유할 경우, 구성원들 간에 명확한 의사소통이 이루어지지 않을 수 있다. 구성원들 간의 상호주관성Intersubjectivity 형성을 위해서는 사용하고 있는 글, 그림, 사진, 영상 등의 다양한 방법을 활용함으로써 개별 구성원의 의견뿐만 아니라 설계 팀의 의견을 시각화하여 표현할 필요가 있다.

"협력적 수업 설계에 필요한 다양한 인공물을 배치할 필요가 있다."

협력적 수업 설계는 교사와 교사 간의 의사소통뿐만 아니라 교사와 인공물 간의 상호작용을 통해 개별 구성원의 한계를 극복할 수 있다. 디지털 디바이스, 각종 소프트웨어 등은 개별 교사들의 인지적 업무를 단순화하거나 확장시킬 수 있다. 즉, 물리적 인공물이 개인과 팀의 인지적 스캐폴딩 도구로 사용될 수 있다.

"분산인지 시스템으로서의 팀 전체가 수업 설계의 주체가 되도록 해야 한다."

분산인지 시스템에 포함된 요소들은 공동의 목적을 달성하기 위해 반드시 필요한 것들로 간주된다. 모든 요소들이 분산인지 시스템을 통해 목적을 달성하기 위해 중요한 것이며 시스템 내에서 각기 다른 역할을 수행하게 된다. 만약, 특정 요소에 결함이 생길 경우, 전체 시스템에 문제가 생길 수 있다. 협력적 수업 설계 팀의 구성원들과 인공물은 하나의 분산인지 시스템에 포함된 요소들이다. 개별 구성원들은 수평적인 관계에서 수업 설계에 참여하지만 개별적인 역할을 명확하게 부여받아 공동의 목적에 효율적·효과적으로 도달하도록 할 필요가 있다.

"설계 팀 구성원들 간에 신뢰할 수 있어야 한다."

분산인지 시스템에서 구성 요소들 간의 상호 의존성은 핵심적인 특징이다. 이때, 상호 의존성을 확보하기 위해 필요한 것이 신뢰이다. 인간과 인간뿐만 아니라 인간과 인공물 간의 신뢰 형성을 통해 구성 요소들이 긴밀하게 상호작용할 수 있도록 해야 한다. 따라서 수업 설계 팀에서 구성원들 간의 신뢰를 형성하려면 비공식적인 의사소통을 활성화할 필요가 있다. 또한, 물리적 인공물의 활용 방법 및 효과 등을 수집 및 공유함으로써 참여자들의 신뢰를 높일 수 있다.

"설계 팀의 정보를 구성원들과 공유하고 조정할 필요가 있다."

이를 위해서는 구성원들과 인공물을 통해 생산되는 정보를 수집해야 한다. 수업 설계 팀의 정보는 온·오프라인상에서 생산될 수 있으며 이러한 정보들은 구성원들이 접근 가능한 공간을 확보함으로써 공유될 수 있다. 또한, 협력적 수업 설계가 진행되는 과정에서 구성원들에게 활동 계획, 현재 상황, 활동 결과의 정보 들을 지속적으로 공유함으로써 활동을 조정할 필요가 있다.

## 3장

협력적 수업 설계의 실제

교과 융합 프로젝트 수업 설계

여기서는 협력적 수업 설계 모형T-CID을 적용하여 융합수업을 실행한 교사들의 실제 사례를 소개한다. 이들은 중등학교에서 각자의 교과를 가르치는 교사들이다. 융합교육을 처음 해 보는 교사부터 수차례 경험한 교사까지 다양하다. 다양한 경험만큼, 교육철학과 신념 또한 다양하다. 이들은 중학교 1학년 자유학년제 수업을 준비하는 과정에서 하나의 설계 팀이 되었다. 온라인 수업 상황에서 교과 융합적인 프로젝트 수업을 설계하고자 하는 교사들이 자발적으로 모인 것이다. 이들은 수업 설계 초기, 협력적 수업 설계 모형과 가이드를 숙지하였고, 모형이 지닌 가정(순환적, 비선형적)을 이해하였다. 또한, 모형에서 제시하는 각 설계 활동은 팀 상황에 따라 선택하였다. 이들은 협력적 수업 설계 팀 활동을 진행하면서, 교사 협력이 갖고 있는 난관을 그대로 경험하기도 하였다. 이번 장에서는 교사 팀이 협력적 수업 설계 모형을 적용한 과정에 초점을 맞춰서 소개한다.

1. 교과 융합 프로젝트 수업 팀 준비

팀 준비 단계에서는 교사 설계 팀(이하 교사 팀)의 비전을 설정 및 공유하고(T-1), 교사 팀 활동 환경을 설계하는(T-2) 내용을 포함하였다.

1단계: 팀 준비[T]				
팀비전 [T-1-1]	앎과 삶의 일치를 지향하는 학습자 역량 중심 융합 교육			
설계방향 [T-1-2]	1. 학습자 중심 수업			
	2. 학생들의 흥미를 유발하는 수업			
	3. 프로젝트 학습			
	4. 온라인 상호작용을 최대한 활용하는 수업			
협력방식 [T-1-3]	■수업유형: ■개별수업실행, ■공동수업실행, □기타: 시간표 상에 각 과목시간은 있지만 공동으로 실행할 예정			
	■통합방식: □다학문적, ■간학문적, □초학문적, □기타: 학문통합방식은 설계과정에서 변동 가능			
	■기타:			
팀 역할 [T-2-1]	역할 내용	담당 팀원	역할 내용	담당 팀원
	사회자	T1	회의내용기록(온라인)	T5
	수업안내 총괄	T6	설계양식결과기록	T2
	문헌연구&총괄평가	T4	사진기록	T3
필요 자원 [T-2-2]	테블릿 PC		교과서	
	포스트잇		네임펜	
	공유클라우드		간식	
	수업설계카드			
팀 규칙 [T-2-3]	1. 경청, 존중, 배려하기: 자유로운 발언 허용, 창의적인 분위기 만들기			
	2. 약속 지키기: 모임시간, 끝나는 시간 지키기			
	3. 즐겁게 협력하기: 어려운 점은 함께 해결하기, 격려하기, 즐겁게 참여하기			
	4. 공유 및 성찰하기: 공유문서 잘 활용하기, 포스트잇 1장에 하나의 의견 작성하기,			
	설계팀 활동에 대해 성찰하기 등			
팀 일정 [T-2-4]	일시/기간	활동내용	일시/기간	활동내용
	4/13	활동준비하기(팀준비 활동)	4/22	설계 검토
	4/14	주제선정	4/23~4/27	수업 실행 및 학생 평가
	4/16	목표설정	4/28	학생 설문
	4/17	교수학습활동/활동지원 설계		학생 산출물 결과 공유
	4/20~4/21	자료탐색 및 개발		수업에 대한 평가 및 성찰

▲ 팀 준비(T) 단계에서의 설계 산출물

T-1 팀 비전, 설계 방향, 협력 방식 설정

T-1-1 팀 비전 설정 교사 팀은 비전 설정에 앞서 설계 기간, 수업 실행 기간, 수업 유형, 참여자 정보를 공유하였다. 팀원들은 협력적 수업 설계 활동을 통해 달성하고자 하는 비전을 포스트잇에 작성하여 화이트보드에 부착하였다. 그리고 각각 작성한 내용을 설명하였으며 궁금한 사항에 대해 서로 질의·응답하였다. 협력적 수업 설계 활동에 참여하게 된 각각의 이유를 나누고 교사 팀의 활동 목적에 대해 충분히 논의하였다. 이후 팀원들이 설명한 내용의 핵심 키워드를 도출하고, 각 키워드 간의 유사성을 중심으로 팀 공통의 비전을 설정하였다.

　예시) 앎과 삶의 일치를 지향하는 역량 중심 융합교육

T-1-2 설계 방향 설정 교사 팀은 앞에서 설정한 비전을 확인하고, 수업 설계 방향에 대해 브레인스토밍하였다. 팀원들은 개별적인 의견을 작성한 포스트잇을 화이트보드에 부착하였다. 그리고 나서 포스트잇의 내용이 유사한 것끼리 연결하고, 분류하기가 어려운 내용은 해당 의견을 낸 팀원의 설명을 듣고 키워드를 도출하였다.

　예시) 1. 학생들의 흥미를 유발하는 수업
　　　　 2. 온라인 상호작용이 활발히 일어나는 수업
　　　　 3. 학습자 중심 수업

`T-1-3` **협력 방식 결정** 교사 팀은 협력적 수업 설계에서 협력 방식의 종류를 확인하였다. 기존에 협력적 수업 설계를 경험하였던 팀원들도 협력 방식을 결정하는 것을 낯설어 하였다. 설계 가이드에 제시된 학문 통합 방식의 예시를 참고하여 협력 방식을 논의하였으나 쉽게 결정되지 않았다. 팀원들은 학문 통합 방식(다학문적, 간학문적, 초학문적)에 대한 정보를 인터넷에서 검색한 후 공유하였다. 협력 방식에 대한 결정이 쉽게 이루어지지 않자, 교사 팀은 팀 비전과 수업 설계 방향을 다시 확인하였으며 잠정적으로 간학문적인 통합 방식으로 결정하고, 개별 수업과 공동 수업 실행을 혼합하기로 하였다.

예시) 수업 유형 : ■ 개별 수업 실행 ■ 공동 수업 실행 ☐ 기타 :

통합 방식 : ☐ 다학문적 ■ 간학문적 ☐ 초학문적 ☐ 기타 :

기타 :

`T-2` **역할, 필요 자원, 규칙, 일정 등 팀 활동 환경 조성**

`T-2-1` **팀 역할 결정** 교사 팀은 설계 활동에 필요한 역할을 포스트 잇에 작성하여 화이트보드에 부착하였다. 유사한 내용을 통합한 후 팀 활동에 필요한 역할을 정리하였고, 팀원들은 자신이 희망하는 역할을 우선적으로 선택하였다. 나열된 역할 중 선택되지 않은 역할은 팀원들 간에 필요 여부를 다시 논의하였다. 이 중 필요하다고 판단

된 역할은 일부 팀원들이 분담하여 맡는 것으로 결정하였다.

예시)

역할 내용	주 담당	역할 내용	주 담당
사회자&촉진자		문헌 연구&총괄평가	
설계 양식 결과 기록		회의 내용 기록(온라인)	
사진 기록 및 공유		학생 수업 안내 총괄	

T-2-2 필요 자원 결정 팀원들은 설계 활동에 필요한 자원들을 포스트잇에 작성하여 공유하였다. 그리고 유사한 내용을 통합하여 자원 목록을 정리하였다. 팀원들은 브레인스토밍 활동에서 교사 팀이 처한 상황적 조건을 고려하여 확보 가능한 자원에 대한 의견을 제시하였기 때문에 자원 목록에서 삭제하거나 우선순위를 정하는 활동은 불필요하였다.

  예시) 태블릿 PC, 포스트잇, 공유 클라우드, 수업설계카드, 교과서, 네임펜 등

T-2-3 팀 규칙 결정 팀원들은 설계 과정에서 지켜야 할 규칙들을 포스트잇에 작성하여 공유하였다. 포스트잇에 작성된 내용 중 명확하게 이해되지 않는 규칙에 대해서는 해당 내용을 작성한 팀원이 직접 설명하였다. 팀원들이 작성한 규칙과 직접 설명한 규칙들을 유목화하여 최종적으로 교사 팀이 지켜야 할 규칙으로 선정하였다.

예시) 1. 경청, 존중, 배려하기 : 자유로운 발언 허용, 창의적인 분위기 만들기

2. 약속 지키기 : 모임 시간, 끝나는 시간 지키기

3. 즐겁게 협력하기 : 어려운 점은 함께 해결하기, 격려하기, 즐겁게 참여하기

4. 공유 및 성찰하기 : 공유 문서 잘 활용하기, 포스트잇 한 장에 하나의 의견 작성하기, 설계 팀 활동에 대해 성찰하기 등

T-2-4 **팀 일정 결정** 교사 팀은 앞으로의 설계 및 수업 일정에 대해 논의하였다. 교사 팀의 일정은 현장 평가 시 안내한 협력적 수업 설계 모형을 참고하여 결정하였다. 팀원들은 협력적 수업 설계 모형에 제시된 설계 활동과 세부 내용을 최대한 선택하여 활동하기로 하였고, 이를 교사 팀 일정에 반영하였다. 교사 팀은 설계 활동 및 세부 내용을 토대로 잠정적인 일정을 설계 양식에 작성하였고, 추후 수정하기로 협의하였다.

예시)

일시	활동 내용	일시	활동 내용
4/13	활동 준비하기	4/22	설계 검토
4/14	주제 선정	~4/27	수업 실행 및 학생 평가
4/16	목표 설정	4/28	학생 설문
4/17	교수학습 활동 설계		학생 산출물 결과 공유
~4/21	자료 탐색 및 개발		수업에 대한 평가 및 성찰

2. 주제에 따른 교과별 내용 분석 및 목표 설정

분석 단계는 교사 팀의 비전과 설계 방향을 토대로 주제를 선정하고 (A-1), 상세 내용을 분석하여 목표를 설정하는(A-2) 내용을 포함하였다.

2단계: 분석[A] - 주제 및 목표설정			
주제목록[A-1-1]		주제분석 기준[A-1-2]	
건강한 성(性)		팀비전	
다양성 & 차이 존중		학습자 상황	
직업 탐구		온라인 공간에서의 학습이라는 상황	
전염병 예방		수업 실현 가능성	
온라인 소통 & 표현		시의 적절성	

선정주제		학생들이 맺는 "관계"		
주제 관련 내용/기능 (성취기준) [A-2-1]	과목	교육과정(성취기준)	내용요소	기능요소
	사회	사회적 지위와 역할의 의미를 이해하고, 역할 갈등의 특징을 사례를 통해 분석한다.	사회적 지위, 역할 역할갈등	분석하기 문제해결하기
	체육	체육에서의 팀워크(관계 맺기)의 힘이 발휘된 사례를 분석한다.	팀워크	공감하기, 이해하기 적용하기
	보건	내가 원하는 관계를 통해 내가 어떻게 관계 맺어야 하는지를 파악한다.	자신의 특성 직관적 정의	이해하기 대처하기
	도덕	다양한 갈등상황에서 평화적 해결의 중요성을 이해하고 평화적으로 갈등을 해결할 수 있는 방법을 구체적으로 탐구하고 제시할 수 있다.	갈등 평화적 해결	공감하기 탐구하기 해결하기
	영어	1. 어구나 문장을 듣고, 연음, 축약된 소리를 식별할 수 있다. 2. 문장을 의미단위로 끊어 읽으면서 의미를 파악할 수 있다.		이해하기
	수학	수의 특성을 이해하고 소인수분해를 실생활에 적용할 수 있다.	소인수분해 수의 특성	분석하기

관련 역량 [A-2-2]	교육과정 역량	학습자가 해야 할 행동(역량을 발휘하게 하는 활동)
	■지식정보처리역량	갈등상황에 나타난 다양한 정보를 분석한다.
	■의사소통역량	타인의 입장에서 생각하고 존중하며 자신의 입장을 명확하게 말한다.

통합목표 [A-2-3]	자신의 특성을 이해 및 분석하고 타인의 특성을 공감하고 존중함으로써 평화적인 관계를 맺고 문제 상황을 해결할 수 있다.	

(교과별) 세부목표 [A-2-3] ※성취기준 재구성	교과	내용
	수학	소인수분해를 통해 나와 다른 사람의 특성을 파악하고 공감할 수 있다.
	사회	사회적 관계에서 지위와 역할, 역할갈등을 이해하고 사례를 분석할 수 있다.
	영어	일상생활이나 친숙한 주제의 영상을 보고 들으며 내용을 이해할 수 있다.
	체육	건강의 다양한 의미를 살펴보고, 스트레스 해소방법을 발견할 수 있다.
	보건	공감, 주장, 거절하기 등 건강한 의사소통 방법을 적용할 수 있다.
	도덕	비폭력 대화를 적용하여 갈등을 예방하고 해결할 수 있다.

▲ 분석(A) 단계에서의 설계 산출물

A-1 주제 목록 작성과 최종 주제 선정을 위한 기준 설정

A-1-1 **주제 목록 설정** 교사 팀은 A-1-1 설계 활동을 적용하기에 앞서 팀 준비(T) 단계에서 결정한 팀 비전과 설계 방향을 확인하였다. 이를 참고하여 각 팀원들은 적절하다고 판단되는 주제를 포스트 잇에 작성하여 공유하였다. 팀원들의 교과에 따라 주제의 내용이 다양하였다. 팀원들은 자신이 작성한 주제에 대해 설명하는 시간을 가졌고, 내용을 유목화하여 주제 목록을 작성하였다. 주제는 교과의 특성에 따라 내용요소 혹은 기능요소가 강조되기도 하였다.

　예시) 다양성 & 차이 존중, 건강한 성性, 직업 탐구, 전염병 예방, 온라 인 소통 & 표현 등

A-1-2 **주제 선정 기준 설정** 교사 팀은 앞에서 작성한 주제 목록에서 최종 주제를 선정하기 위한 기준에 대해 논의하였다. 팀원들은 각자의 의견을 자유롭게 발언하였다. 팀원들은 온라인으로 학습이 이루어지는 점, 신입생들이 학기초에 겪는 어려움 등의 학습자가 처한 상황을 고려해야 한다는 것에 합의하였다. 팀원들은 주제 선정 기준을 고려하여 주제 목록의 주제들을 평가하였다. 주제 목록을 나열하는 A-1-1 활동에서보다 더 깊이 있는 대화가 이뤄졌다. 팀원들은 동료 팀원들이 설명하는 내용에 대해 반론을 제기하거나 보완 의견을 설명함으로써 논의를 진전시켰다. 이러한 과정을 통해 A-1-1 활

동에서 정리한 주제 목록의 내용들이 일부 통합되고 정리되어 최종 주제가 선정되었다.

예시) 팀 비전에 부합하는가? / 학습자 상황을 반영한 것인가? / 학습자의 학습환경을 고려하였는가? / 실제 수업에서 실현 가능한가?

A-2 주제 관련 내용과 역량 분석을 통한 목표 설정

A-2-1 **주제 관련 내용과 기능 설정** 팀원들은 앞에서 선정한 주제와 관련하여 각 교과의 성취기준을 탐색하였다. 이 과정은 교사 팀 회의 시간 전에 개별적으로 이뤄졌다. 그리고 교사 팀 회의 시간에 각자가 선택한 교과의 성취기준을 설명하고, 학생들이 알아야 할 내용요소와 수행해야 할 기능요소를 구분하였다. 이때, 교육과정의 성취기준이 명확한 교과는 교과 교육과정에서 제시한 내용을 반영하였고, 교육과정의 성취기준이 명확하지 않은 교과의 팀원은 해당 교과의 성격과 목표를 고려하여 성취기준을 설명하였다. 이 과정에서 팀원들은 잠정적인 수업 활동 아이디어를 설명하는 모습을 보였다. 개별 교과의 유사한 내용요소와 기능요소에 대해서는 추가적인 설명을 통해 논의를 심화함으로써 개별 팀원들이 제시한 내용요소와 기능요소를 보다 분명히 하였다.

예시)

과목	교육과정(성취기준)	내용요소	기능요소
사회	사회적 지위와 역할의 의미를 이해하고, 역할갈등의 특징을 사례를 통해 분석한다.	사회적 지위 역할 역할갈등	분석하기 문제 해결하기
체육	체육에서 팀워크(관계 맺기)의 힘이 발휘된 사례를 분석한다.	팀워크	공감하기 이해하기 적용하기
보건	내가 원하는 관계를 통해 내가 어떻게 관계 맺어야 하는지를 파악한다.	자신의 특성 직관적 정의	이해하기 대처하기
도덕	다양한 갈등 상황에서 평화적 해결의 중요성을 이해하고 평화적으로 갈등을 해결할 수 있는 방법을 구체적으로 탐구하고 제시할 수 있다.	갈등 평화적 해결	공감하기 탐구하기 해결하기
영어	1. 어구나 문장을 듣고, 연음, 축약된 소리를 식별할 수 있다. 2. 문장을 의미 단위로 끊어 읽으면서 의미를 파악할 수 있다.	-	이해하기
수학	수의 특성을 이해하고 소인수분해를 실생활에 적용할 수 있다.	소인수분해 수의 특성	분석하기

A-2-2 **관련 역량 설정** 팀원들은 A-2-1에서 논의한 각 교과의 성취기준, 내용요소, 기능요소를 확인하고, 교육과정 총론에 나타난 핵심역량의 내용을 확인하였다. 이를 참고하여 팀원들이 설계할 수업에 핵심적으로 반영할 수 있는 역량을 각각 포스트잇에 작성하여 공유하였다. 팀원들은 각 교과에서 강조하는 역량을 추가적으로 작성하

고, 작성된 내용을 토대로 역량들을 유목화하였다. 유목화되지 않은 역량은 팀원들의 설명을 들은 후 유사한 역량과 통합하였다. 유목화된 역량은 총 4개였는데, 교사 팀은 모든 역량을 수업 설계에 반영할 것인지, 중점 역량을 선정하여 반영할 것인지에 대해 논의하였다. 팀원들은 상황적 조건을 고려하여 중점 역량을 선정하는 데 합의하였으며 가장 많은 팀원들이 동의한 2개의 역량(의사소통 역량, 지식정보처리 역량)을 최종적으로 선정하였다. 그리고 해당 역량을 함양시키기 위해 학생들이 수행해야 할 활동에 대해 잠정적으로 진술하였다.

예시)

교육과정 역량	학습자가 해야 할 행동
지식정보처리 역량	갈등 상황에 나타난 다양한 정보를 분석한다.
의사소통 역량	타인의 입장에서 생각하고 존중하며 자신의 입장을 명확하게 말한다.

A-2-3 **목표 설정** 팀원들은 A-2-1, A-2-2 활동에서 수행한 내용들을 공유된 설계 양식(온라인)에서 확인하였다. 그리고 각각의 내용들을 포괄할 수 있는 키워드에 대해 논의하였다. 개별 교과의 내용요소들은 '개인적 특성'과 '타인의 특성'으로 통합하였고, 핵심적으로 반영할 기능요소와 역량의 특성을 결합하여 '이해', '분석', '공감', '존중', '문제해결'의 키워드를 도출하였다. 촉진자 교사는 핵심 키워드를 도출하는 데 주도적인 역할을 하였고, 팀원들에게 정리한

의견의 적절성을 검토받은 후, 수정 의견을 반영하였다.

이러한 과정을 통해 통합된 수업 목표를 진술하였으며 개별 팀원들은 각 교과 수업의 세부적인 목표를 작성하였다. 세부적인 수업 목표 설정은 개별적으로 이뤄졌고, 추후 교사 팀 회의에서 상호 검토하였다.

예시) 자신의 특성을 이해 및 분석하고 타인의 특성을 공감하고 존중함으로써 평화적인 관계를 맺고 문제상황을 해결할 수 있다.

3. 교수학습 활동 및 활동 지원 설계하기

설계 단계는 교사 팀의 분석 단계에서 선정한 주제와 수업 목표를 토대로 구체적인 평가, 문제상황, 학생 활동(Ds-1), 수업을 지원할 테크놀로지와 스캐폴딩(Ds-2)을 설계하는 내용을 포함하고 있다.

3단계: 설계[Ds], 4단계: 자료 탐색 및 개발[Dv]			
최종결과 평가계획 [Ds-1-1]	교과	평가내용	평가방법
	공통	타인과의 관계에 대한 문제상황 해결책 제안하기(온라인 상담)	논술형 평가
과정 평가계획 [Ds-1-1]	교과	평가내용	평가방법
	수학	문제상황을 객관적으로 분석하기	논술형 평가
	사회	문제상황에 나타난 인물들의 지위와 역할 분석하고 이해하기	논술형 평가
	도덕	문제상황에 비폭력대화 4단계를 적용하기	논술형 평가
	체육	사회적 건강 이해하고 사례 설명하기	논술형 평가
	보건	문제상황 해결을 위해 명확하게 주장하기	논술형 평가
	영어	관계에 대한 영어단어 이해하고, 본 프로젝트에 적용하여 문제해결하기	논술형 평가

| **문제상황 시나리오 [Ds-1-2]** | ■ 문제맥락: 내가 좋아하는 친구가 나를 좋아하지 않는 상황
■ 학생의 역할: 또래 상담가
■ 영향을 미치는 대상: 상담을 요청한 친구
■ 학습자의 최종 활동/산출물: 온라인 상담 글(편지): 학습한 내용 적용
■ 기타: | **문제상황 이야기**
A와 B는 단짝 친구이다. 늘 공부도 같이 했고, 방과 후도 같이 보낸다. 학생회의 구성원인 A는 방과 후 대의원회의나 선생님의 심부름으로 늦게 끝났다. 그럴 때마다 B는 늘 A를 기다려주었다. 그런데 B는 좋아하는 남자친구가 있었다. 그 과정에서 B는 A에게 고민도 털어놓았다. 특히, 남자친구가 B와 가까워지면서 스킨십을 요구한다는 얘기를 A에게 하기도 했다. 그런데 B는 C와 사귀기 시작하면서 친구와 약속도 피하고, 카톡답변도 잘 하지 않게 되었다. B는 남자친구C와 문제가 있어 있어서 A와 통교도 자주 하지 않게 되었다. A가 B에게 요즘 왜 그러냐고 얘기하자 B는 아무말도 하지 않는다. A는 다른 친구들한테 B에게 서운했던 일들을 얘기했고, 이것을 알게 된 B는 A와 더욱 멀어지게 되었다.
이러한 상황을 종합적으로 알게 된 또래 상담자인 당신은 어떤 상담을 할 수 있을까? |

학생활동 계획[Ds-1-3]			활동지원[Ds-1-3]		자료탐색 및 개발[Dv]	
#	학생활동(내용+기능)	관련 교과 (교사)	도구	스캐폴딩	자료목록 (탐색/개발)	담당자
1	사전 평가 관계에서의 갈등 사례 작성	보건	폼즈 설문	-본 수업에 대한 안내	팀즈 설문 문제상황활동국대본 문제상황 영상편집	이〇〇 오〇〇 이〇〇
2	문제상황 확인 및 분석 개인별 특성 추출 및 분석	수학	팀즈 화상 공유 ppt	-요소의 특성을 찾기 위한 분류 제시 -특성 map 필요	강의 영상 온라인 활동지	강〇〇
3	문제상황의 사회적 관계 이해 지위와 역할, 역할갈등 분석	사회	영상콘텐츠 폼즈 과제	-다양한 지위와 역할, 역할갈등 사례 제시	온라인 활동지	이〇〇
4	건강의 의미 이해하기 건강관리/스트레스관리법 찾기	체육	폼즈 과제	-특징이나 준비물 안내 -개인자 임을활동	온라인 활동지	김〇〇
5	비폭력 대화 이해 비폭력 대화 적용	도덕	강의ppt 폼즈과제	-비폭력 대화 적용 돌영상	강의 영상 온라인 활동지	이〇〇
6	행동의 차이 인식 행동의 차이 해결/주장	보건	팀즈 화상 패들릿		온라인 활동지	오〇〇
7	공감 및 공유 사후 평가	영어	팀즈 화상 패들릿	-상담내용 쓰는 방법 -상담내용 댓글 안내	패들릿 공유 환경	이〇〇

공통 스캐 폴딩	1. 전체 활동 흐름(비선형적이라는 것 강조하기)	2. 각 수업과 문제상황과의 관련성 언급하기
	3. 기기활용방법안내(담임협조)	4. 제공되는 학습한 내용의 활용방법 안내(언제, 어디서 등)
	5. 공통지침의 흐름(개념 및 내용/방법 및 절차/활용가능맥락)	6. 중요개념과 필수 단어 안내하기

▲ 설계(Ds) 단계에서의 설계 산출물

Ds-1-1 **평가 계획 설정** 팀원들은 분석(A) 단계에서 결정한 통합된 수업 목표를 참고하여 학생들이 최종적으로 제출할 산출물에 대해 자유롭게 논의하였다. 이때 동료 팀원들의 의견을 보완하여 설명하는 모습을 보였다. 이 과정에서 팀원들은 학생들이 객관적인 입장에서 문제상황을 분석하고, 학습한 내용들을 적용하여 해결 방안을 제안하는 활동에 대해 논의하였다. 논의를 구체화하여 교사 팀은 갈등이 발생한 가상의 친구 관계를 문제상황으로 설정하고 학생들이 문제상황에 나타난 다양한 인물에게 갈등 해결을 위해 할 수 있는 조언을 최종 산출물의 형태로 결정하였다. 최종 산출물과 평가 내용 및 방법을 논의하는 활동이었지만 교사 팀에서는 문제상황에서 학생들이 수행할 역할이 동등한 친구(또래 상담가)인지, 특별한 직업가(심리상담가)인지에 대해서도 토론하였다. 학생의 역할에 따라 최종 산출물의 형태가 달라지기 때문이었다.

또한, 어떤 도구를 활용하여 최종 산출물을 제출하도록 할 것인가에 대해서도 논의하였다. 학생들이 온라인 환경에서 수업에 참여하기 때문에 사용 가능한 도구가 최종 산출물의 형태에 영향을 미친다고 판단한 것이다. 결국, 교사 팀은 또래 상담가로서 갈등 상황의 인물에게 조언하는 글을 최종 산출물로 설정하였으며 온라인 공유 노트를 글쓰기 도구로 설정하였다. 팀원들은 최종 산출물에 근거하여 개별 교과의 평가 내용과 잠정적인 평가 방법에 대해 설명하였다.

팀원들은 통합된 수업 목표와 최종 산출물과의 관련성에 근거하여 동료의 평가 아이디어를 검토하기로 하였으나, 개별 교과의 특성이 분명히 드러나는 평가 내용의 경우에는 최초의 아이디어가 조정되지는 않았다.

예시)

최종 결과 평가 계획	교과	평가 내용
	공통	타인과의 관계에 대한 문제상황 해결책 제안하기
과정 평가 계획	수학	문제상황을 객관적으로 분석하기
	사회	문제상황에 나타난 인물들의 지위와 역할 분석하고 이해하기
	도덕	문제상황에 비폭력 대화 4단계를 적용하기
	체육	사회적 건강 이해하고 사례 설명하기
	보건	문제상황 해결을 위해 명확하게 주장하기
	영어	관계에 대한 영어 단어를 이해하고, 본 프로젝트에 적용하여 문제해결하기

Ds-1-2 **문제상황 설정** 촉진자는 팀원들이 아이디어를 작성하기 전에 '문제상황'이 본 수업에서 갖는 의미를 설명하였다. 촉진자는 학습목표와 최종적인 평가 내용을 참고하여 문제상황의 잠정적인 내용들(문제 맥락, 학생의 역할, 영향을 미치는 대상, 학생의 최종 산출물)을 정리하였다. 팀원들은 촉진자가 정리한 내용을 토대로 개별 교과의 수업 목표와 평가 내용이 연계될 수 있는 아이디어들을 포스트잇

에 작성한 후 설명하였다. 개별 팀원들이 설명한 문제상황의 구체적인 내용들은 다양하였다. 이 과정에서 교과의 세부 수업 목표와 평가 내용에 해당하는 내용들을 문제상황에 포함시킬 것인지, 통합된 수업 목표에 근거하여 포괄적인 문제상황을 구성할 것인지가 이슈로 나타났다. 우선, 교사 팀은 개별 교과의 특징을 반영하여 문제상황을 구성한 후 개별적으로 검토 시간을 갖고 조정하기로 하였다. 교사 팀은 최초로 작성한 문제상황이 복잡하여 통합된 수업 목표에서 벗어난다는 데 합의하였고, 핵심적으로 담아야 할 문제상황의 내용을 정리하였다. 이때, 조정된 개별 교과의 특징적인 활동들에서는 각 교과의 수업에서 추가적인 문제상황을 제시하기로 하였다.

예시) • 문제 맥락 : 내가 좋아하는 친구가 나를 좋아하지 않는 상황

• 학생의 역할 : 또래 상담가

• 영향을 미치는 대상 : 상담을 요청한 친구

• 학습자의 최종 활동/산출물 : 온라인 상담 글[편지]: 학습한 내용 적용

• 이야기 : A와 B는 단짝 친구이다. 늘 공부도 같이 했고, 방과 후도 같이 보냈다. 학생회의 구성원인 A는 방과 후 대의원회의나 선생님의 심부름으로 늦게 끝났다. 그럴 때마다 B는 늘 A를 기다려 주었다. 그런데 B는 좋아하는 남자 친구 C가 있었다. 그 과정에서 B는 A에게 고민도 털어놓았다. 특히, 남자 친구가 B와 가까워지면서 스킨십을 요구한다는 얘기를 A에게 하기도

했다. 그런데 B는 C와 사귀기 시작하면서 친구와 약속도 피하고, 카톡 답변도 잘 하지 않게 되었다. B는 남자 친구 C와 등교도 같이 하고 있어서 A와 등교도 하지 않게 되었다. A가 B에게 요즘 왜 그러냐고 얘기하자 B는 아무 말도 하지 않는다. A는 다른 친구들한테 B에게 서운했던 일들을 얘기했고, 이것을 알게 된 B는 A와 더욱 멀어지게 되었다. 이러한 상황을 종합적으로 알게 된 또래 상담자인 당신은 어떤 상담을 할 수 있을까?

Ds-1-3 **활동 아이디어 설정** 팀원들은 조정된 문제상황을 확인하고, 개별 수업에서 학생들이 학습해야 할 내용과 수행할 활동 아이디어를 나열하였다. 이때, 내용요소와 기능요소를 수업설계카드에 작성하였다. 아이디어 나열 단계에서 팀원들은 각자가 생각하는 활동 흐름에 따라 수업설계카드를 배치하였다. 팀원들은 동료들의 아이디어를 듣고, 자신의 아이디어가 적힌 수업설계카드를 동료의 수업설계카드와 연결하였다.

수업설계카드를 활용한 아이디어 나열과 연결을 마친 후 팀원들은 동료들의 아이디어에 대한 추가적인 의견을 제시하였다. 이때, 팀원들이 합의한 의견에 대해서는 해당 수업설계카드를 이동시킨 후 전체적인 수업 활동의 흐름을 재확인하였다. 교사 팀은 본 활동에서 조정한 수업 흐름에 맞게 수업 시간표를 변경하여 학생들에게 공지하기로 하였다.

▲ 교사 팀의 활동 아이디어 연결과 조정(수업설계카드 활용)

예시)

구분	학생 활동(내용+기능)	관련 교과
1	사전 평가 관계에서의 갈등 사례 작성	보건
2	문제상황 확인 및 분석 개인별 특성 추출 및 분석	수학
3	문제상황에서의 사회적 관계 이해 지위와 역할, 역할갈등 분석	사회
4	건강의 의미 이해하기 건강관리/스트레스 관리법 찾기	체육
5	비폭력 대화 이해 비폭력 대화 적용	도덕
6	행동의 차이 인식 행동의 차이 해결/주장	보건
7	공감 및 공유/사후 평가	영어

Ds-2 수업 활동에 필요한 자원과 스캐폴딩 설계

Ds-2-1 자원 설정 팀원들은 Ds-1-3에서 조정한 수업설계카드를 통해 수업 활동 흐름을 확인하였다. 팀원들은 각각의 활동에서 필요한 도구(테크놀로지)를 수업설계카드에 작성한 후 해당하는 활동과 연결하였다. 팀원들이 진행할 수업은 원격수업 환경에서 이뤄지며 이미 도구 활용 역량이 확보된 상태였다. 팀원들은 현재의 상황적 조건을 고려하여 도구에 대한 아이디어를 작성한 상태였다. 팀원이 개별적으로 수업을 진행하는 경우에는 최종적인 도구를 각각의 팀원이 결정하였다. 이때, 도구 선정에 어려움을 겪는 팀원은 교사 팀이 공동으로 아이디어를 제시하여 결정할 수 있도록 했다. 한편, 팀원들이 공동으로 진행하는 수업(도입 단계와 마무리 단계)에서는 다양한 도구 활용 아이디어가 논의되었다. 도입과 마무리 단계에서는 수업의 전체적인 의도 설명과 안내가 필요하므로 교사와 학생의 상호작용이 가능한 도구를 선정하였다. 그리고 학생들이 활동할 온라인 활동 공간도 공동의 논의를 통해 결정하였다. 본 수업을 위해서는 온라인 학습 공간을 신설하였다.

예시) 온라인 설문 도구, 프리젠테이션 도구, 화상회의 도구, 온라인 공유 노트 등

Ds-2-2 스캐폴딩 설정 촉진자는 설계 가이드를 토대로 스캐폴딩의

의미와 필요성에 대해 안내하였다. 팀원들은 학습자 입장에서 교사의 도움이 필요하다고 판단되는 스캐폴딩을 수업설계카드에 작성하여 기존의 수업설계카드와 연결하였다. 개별 수업에 대해서는 각 수업을 담당할 교사의 의견이 반영되었다. 다만, 수업 전반에 공통으로 반영되어야 할 스캐폴딩에 대해서는 팀원들이 각각의 아이디어에 대한 의견을 설명하였고, 촉진자는 유사한 아이디어들을 통합하였다. 공통 스캐폴딩 내용들은 모든 수업 자료를 제작하거나 실행할 때 반영되었다.

예시) 1. 전체 활동 흐름(비선형적이라는 것 강조하기)

2. 각 수업과 문제상황과의 관련성 언급하기

3. 기기 활용 방법 안내(담임 협조)

4. 체육/도덕/보건 : 학습한 내용의 활용 방법 안내(언제, 어디서 등)

5. 공통 지침의 흐름(개념 및 내용/방법 및 절차/활용 가능 맥락)

6. 중요 개념과 필수 단어 안내하기

4. 개발한 자료를 활용한 수업 실행

개발(Dv) 단계는 교사 팀이 설계 단계에서 선정한 학생 활동 계획을 토대로 적절한 자료를 찾고 개발하는(Dv-1) 내용을 포함하고 있다. 한편, 실행(I) 단계는 팀원들의 설계안과 수업 자료를 활용하여 수업을 실행하고 학생들의 활동 자료를 수집하는 내용을 포함한다.

4단계: 실행[I]				5단계: 평가[E]
수업실행[I-1-1]			수집자료 [I-1-2]	수업평가(각 수업) [E-1-2]
일시	수업자 (협업자)	협력 요청사항&역할배분내용		
4/21(화) 5교시	이OO	설문제작(이OO+모두) 수업참관 프로젝트채널(활동공간) 개설	학생별 요구사항 학생들의 친구관계 갈등 경험	
4/23(목) 5,6교시	강OO	프로젝트 채널에 전체 활동내용 및 문제 상황	Forms 설문(학생 답안) 문제상황에 나타난 등장인물의 개 인적 특성 분석 및 평가	
4/23(목) 7교시	이OO	학생응답자료 분석	Forms 설문(학생 답안) (11~13번)문제상황에 나타난 등장 인물의 역할 분석 및 평가	
4/24(금) 1,2교시	김OO 이OO	게시판 사용 안내 협조	폼즈 설문(학생 답안) 패들렛 활용(서로의 공감)	
4/24(금) 3,4교시	오OO	게시판 사용 안내 협조	Forms 설문(학생 답안) (10번 문제)자신의 상황에 필요한 비폭력 대화 적용한 것	
4/24(금) 자기 주도	이OO	게시판, 패들렛 사용 안내 협조	학생들의 원하는 성행동과 싫은 성행동 알기, 패들렛 활용 학생 활동	
4/27(월) 1,2교시	이OO	과제 수행 미제출자(담임선생님들 실시간 독려) 수업 자료에 대한 개별 피드백 (전체교사)	최종 논술 결과에 다양한 교과별 요소가 적용되었는지	
수업평가 (종합) [E-1-2]				
팀 활동 평가 (종합) [E-2-2]				

▲ 실행(I) 단계에서의 설계 산출물

Di-1 수업에 활용할 자료 수집 및 개발

Di-1-1 **자료 수집 및 개발 목록 설정** 팀원들은 수업에 활용할 잠정적인 자료들에 대해 자유롭게 논의하였다. 이 과정에서 구체적인 자료에 대한 논의는 이뤄지지 않았다. 팀원들은 자신이 맡게 된 수업에 사용할 자료 목록을 실제 개발할 때까지 검토하였고, 이전 수업의 자료를 참고하여 자신이 사용할 자료를 최종적으로 결정하기도 하였다. 다만, 공동으로 진행해야 하는 수업 자료의 형태와 내용에 대해서는 구체적인 아이디어를 논의하였다. 교사 팀은 자료를 개발할 담당자를 사전에 선정하였고, 이 담당자를 중심으로 논의가 진행되었다. 본 수업에서는 문제상황 시나리오를 더욱 구체화하여 역할극을 만들기로 하였다.

  예시) 문제상황 역할극 대본, 문제상황 영상, 온라인 활동지, 강의 영상, 온라인 공유 노트 환경 등

Di-1-2 **자료 개발** 팀원들은 Dv-1-1에서 목록화했던 자료를 구체적으로 개발하여 공유하였다. 개별 수업 자료에 대해 각 팀원이 도움을 요청한 내용을 중심으로 추가적인 논의를 하였고, 팀원들의 의견 반영 여부는 개별 팀원이 결정하도록 하였다. 다만, 개별 수업의 온라인 활동지에서 공통으로 안내할 사항에 대해 논의하고 필수적으로 반영할 사항을 결정하였다. 이 과정을 통해 모든 수업의 활동

지에는공통적으로 수업의 의도와 방법을 안내하였다.

　공동으로 수업을 운영하기 위한 자료 개발은 팀원들의 협의를 통해 심도 있게 진행하였다. 일차적으로 개발한 자료를 팀원들이 공동으로 검토하고 수정 의견에 대해 논의하였다. 또한, 문제상황에 들어갈 역할극 시나리오의 대사를 최종적으로 검토하고 수정하였다.

예시)

▲ 수업 소개 포스터(미리 캔버스를 활용하여 제작)

DI-2 수업 실행 후 자료 수집

DI-2-1 **수업 실행** 팀원들은 앞 단계까지 진행된 협력적 수업 설계 안을 확인하였다. 그리고 수업 일정을 최종적으로 확인하여 동료 팀 원들의 협력이 필요한 사항을 설계 양식(온라인 전자 필기장)에 작성 하였다. 개별 수업의 경우에는 특별한 협력 요청 사항이 논의되지 않았다. 팀원들은 각자가 개발한 온라인 활동지의 문항 중 팀원들이 공동으로 분석할 내용을 공유하거나 동료가 실시간 화상 수업을 진 행하고 있는 동안 어려움을 겪는 학생들을 지원하는 등의 협력을 요 청하였다. 공동으로 진행된 수업에 대해서는 팀원들의 역할 분담에 대해 논의하였다. 수업의 진행을 맡을 교사, 수업 환경을 준비할 교 사, 자료를 제작할 교사 등이 정해졌고, 논의된 내용을 토대로 수업 이 진행되었다.

DI-2-2 **수업 실행 시 자료 수집** 팀원들은 각 수업을 실행한 후 온라 인 활동지 형태의 과제를 수집하였다. 온라인 활동지에 개별 수업의 목표 달성 여부뿐만 아니라 학생들이 해결해야 하는 문제상황과 관 련한 문항이 포함되었다. 학생들의 활동 결과는 온라인을 통해 수집 되어 팀원들에게 공유되었다. 또한, 공동으로 진행한 수업에서는 실 시간 화상 수업을 병행하였기 때문에 팀원들은 학생들의 반응을 영 상과 댓글을 통해 확인하였다. 팀원들은 댓글 자료를 실시간으로 확 인하면서 학생들에게 피드백을 제공하였다.

예시)

일시	수업 실행			수집 자료
	수업자 (협업자)	협력 요청 사항		
4/21 5교시	T1 (전체 팀원)	설문 제작(T6), 검토(전체 팀원) 수업 참관(전체 팀원) 프로젝트 채널(활동 공간) 개설		학생별 요구 사항 학생들의 친구 관계 갈등 경험
4/23 5,6교시	T2	프로젝트 채널에 전체 활동 내용 및 문제상황 공유		온라인 설문(학생 답안) 문제상황에 나타난 등장인물의 개인적 특성 분석 및 평가
4/23 7교시	T6	학생 응답 자료 분석		온라인 설문(학생 답안) 문제상황에 나타난 등장인물의 역할 분 석 및 평가
4/24 1,2교시	T3 (T2)	게시판 사용 안내 협조		온라인 설문(학생 답안) 패들렛 활용(서로의 공감)
4/24 3,4교시	T4	게시판 사용 안내 협조		온라인 설문(학생 답안) 자신의 상황에 필요 한 비폭력 대화 적용 한 것
4/24 자기 주도	T1	게시판, 패들렛 사용 안 내 협조		학생들이 원하는 성 행동과 싫은 성행동 알기, 패들렛 활용 학 생 활동
4/27 1,2교시	T5	과제 수행 미제출자(담 임선생님들 실시간 독려) 수업 자료에 대한 개별 피드백		최종 논술 결과에 다 양한 교과별 요소 적 용 여부
4/28 6교시	전체 팀원	T1, T2 : 수업 공동 진행 (실시간 모임 개설) T3,T5,T6 : 역할극(초기 문제상황 관련)		실시간 학생 채팅 기 록 및 반응

5. 수업 활동 성찰 및 평가

평가(E) 단계는 교사 팀이 실행한 수업(E-1)과, 팀 활동(E-2)을 성찰 및 평가하는 내용을 포함하고 있다. 성찰 및 평가는 지금까지 작성한 설계 양식에 정리하지 않고 매 활동 때마다 면대면 혹은 온라인 공간에서 공유하는 형태로 진행하였다.

E-1 단계별 활동에 대한 수시 평가 및 환류

E-1-1 수업 실행에 대한 평가 및 개선 팀원들은 실행(I) 단계에서 수집한 자료를 공유하여 공동으로 분석하였다. 본 수업에서는 각각의 수업이 연속적으로 진행되었기 때문에 각 수업에 대한 성찰 및 평가와 수업 계획 수정은 이뤄지지 않았다. 다만, 최종 산출물을 제출하는 활동을 진행하기 전에 각 수업 실행에 대한 성찰 및 평가가 이뤄졌다. 팀원들은 동료의 수업 성찰 내용을 듣고, 자신이 공유받은 학생의 활동 결과 및 응답 내용을 토대로 의견을 발표하였다. 자신이 수업한 내용에 대해서는 긍정적인 성과와 보완해야 할 점에 대해 성찰하였고, 동료의 수업에 대해서는 전체 수업 목표에 근거하여 의미 있다고 판단된 부분을 설명하였다.

한편, 팀원들은 학생들이 문제상황에 대한 해결 방안을 제시할 때, 특정 인물의 관점에서 편견을 갖게 될 가능성을 논의하였다. 친구 관계에서 나타난 갈등 상황이었으나 피해자와 가해자로 분류되어 최종 산출물에 영향을 미칠 수 있다는 입장이었다. 따라서 다음 수업에서는 초기에 제시된 문제상황에 내용을 추가함으로써 등장인물에 대한 선입견이 생기지 않도록 조정하였다. 이러한 조정은 각 수업에서 학생들이 제출한 응답과 수업 반응을 통해 수집된 자료에 근거하여 이루어졌다.

E-1-2 단계별 활동 결과 평가 팀원들은 팀 활동 시마다 성찰 및 평가를 진행하였고, 면대면 혹은 온라인 공간에서 공유하였다. 주로 해당 활동의 경험에서 좋았던 점, 부족했던 점 혹은 어려웠던 점 등에 대한 내용을 성찰하였다. E-1-2의 활동을 사전에 팀 규칙으로 설정하였기 때문에 팀원들이 성찰 및 평가 활동에 참여하는 것이 어렵지 않았다. 2시간 이상 회의가 진행된 날에는 온라인으로 성찰 일지를 작성하였다. 온라인 성찰 일지는 클라우드 기반의 전자 필기장과 채팅 어플리케이션을 활용하였다. 온라인 전자 필기장은 스마트폰에서 작성이 쉽지 않을 뿐만 아니라 즉각적인 반응이 이뤄지지 않는다는 단점이 있었다. 그래서 성찰 기록은 채팅 어플리케이션을 주로 활용하기로 하였다. 이때의 성찰 기록들은 설계 활동에서 느낀 개인적인 감정에 대한 내용이 면대면 성찰 활동에 비해 상대적으로 많았고, 즉각적으로 동료의 성찰 및 평가 내용을 응원하거나 지지하는 내용의 응답을 하였다.

예시)

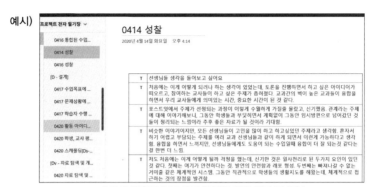

▲ 온라인상에 공유된 설계 활동별 성찰 일지 중 일부

E-2 수업 목표와 팀 비전에 근거한 종합평가

E-2-1 수업 목표에 근거한 학습활동 종합평가 팀원들은 모든 일정이 종료된 후 전체 수업에 대한 성찰 및 평가 시간을 가졌다. 촉진자는 E-1-1에서 논의하였던 개별 수업에 대한 평가와 달리 통합된 수업 목표에 근거하여 전체적인 성찰과 평가를 진행하도록 유도하였다. 그러나 개별 교사가 진행한 수업에 대한 성찰 및 평가가 반복되는 경향이 나타났다. 전체 수업에 대한 성찰 및 평가는 통합된 수업 목표에 근거하기보다는 학생들의 반응과 참여도 등을 중심으로 수업의 긍정적인 의미에 대한 내용이 거론되었다. 팀원들의 활동 결과는 해당 학교의 모든 교원들에게 공유되었다.

예시) A교사 : "융합의 유형 중 '교과의 목표를 실행하기 위해서' 융합
을 한 것과 공동의 목표를 실행하기 위해서 본인 교과의 내용을
많이 재구성하는 것과는 다르다는 생각을 했습니다. 아까 OO샘
이 말씀하신 것처럼 수학이 삶과 연결되어 있다는 부분에서는
어느 정도 목표가 달성된 것이라는 생각이 들어요.[이하 생략]"

E-2-2 **팀 비전에 근거한 팀 활동 종합평가** 팀원들은 초기에 설정한
팀 비전을 확인한 후 팀 활동 전반에 대해 자유롭게 성찰 및 평가하
였다. 촉진자는 전체 과정을 종합하여 자유롭게 발언하도록 유도하
였으며 팀원들은 팀 비전에 근거한 팀 활동 성찰뿐만 아니라 교사
및 학생에게 심리·정서적으로 미친 영향을 발언하였다.

예시) B교사 : "팀 목표와 설계 방향을 통해 수업 설계가 일관성 있게
나아갈 수 있었어요. 무엇보다 선생님들 간에 정서적인 교감과
신뢰가 쌓이면서 팀 활동이 점점 잘된 것 같고, 그것이 다시 수
업 설계에 긍정적인 영향을 미친 것 같아요. 수업 자료를 직접
개발하는 과정에서 수업의 목표와 내용, 방법을 수정하는 모습
들도 나타났어요. 선생님들 간의 협력 과정에서 계속적으로 자
신의 수업을 조정하게 된 거죠.[이하 생략]"

카드를 활용한 협력적 수업 설계

 앞에서도 살펴본 것처럼, 협력적 수업 설계는 도구를 활용할 때 더욱 효과적이다. 도구를 사용하면 개인과 개인 간에 전달하고자 하는 내용을 명확하게 표현할 수 있고, 수업 설계 과정도 시각적으로 나타낼 수 있다. 이때, 효과적으로 사용할 수 있는 도구가 바로 수업설계카드이다.

 수업 설계를 할 때, 고려해야 할 요소는 너무나 많다. 예를 들어, '분석-설계-개발-실행-평가'의 단계에 맞춰서 살펴본다면, 학생, 환경, 주제 혹은 내용의 특성 등을 분석할 것이다. 또한, 분석된 내용을 바탕으로 수업의 목표를 정하고, 실행 전략을 구체적으로 수립할 것이다. 만약, 협력적 수업 설계 경험이 없거나 짧은 시간 내에 효과적인 설계를 원하는 팀이 있다면 수업설계카드를 활용하는 것을 권장한다. 수업설계카드는 포스트잇에 필요한 내용을 작성하여 만드는 방법부터 시중에 판매되고 있는 카드를 활용하는 방법까지 다양하다. 또는 설계 팀이 자체적으로 필요한 카드를 제작하는 방법도 있다. 여기서는 미래교육공감연구소에서 제작한 수업설계카드를 소개해 본다.

 미래교육공감연구소가 제작한 수업설계카드는 여러 가지 설계 요소 중 기능, 내용, 역량, 자원, 평가 카드로 구성되어 있다. 수업설계카드는 이러한 카드들을 적절히 연결하면서 의견을 공유하고, 공동의 수업을 설계하는 데 효과적이다. 수업 설계카드에는 교육과정에 공통적으로 나오는 내용(내용요소, 기능요소, 평가 방법, 역량)

들을 담고 있다. 우선, 내용카드에는 프로젝트 학습에서 다룰 만한 주제들이 작성되어 있다. 이러한 주제들은 교육과정상의 내용요소와 연결된다. 또한, 기능카드에는 학생들이 수행해야 하는 활동들이 작성되어 있다. 종종 학생들의 활동은 수업 방법과 연결되기도 한다.

 다음으로 자원카드는 수업 활동에서 활용할 수 있는 도구, 자료 등을 말하며 아날로그뿐만 아니라 디지털 자원들도 포함한다. 수업설계카드에는 일반적인 자원들이 예시 차원으로 작성되어 있다. 한편, 평가카드에는 수행평가의 일반적인 방법들이 제시되어 있다. 협력적 수업 설계 시 활용할 수 있는 수업설계카드는 개별 교사가 설계하기 어려운 수업에서 더 필요할 수 있다. 따라서, 기존의 지필평가보다는 수행평가를 결합하도록 한 것이다.

 역량카드는 교육과정에서 강조하는 핵심역량들을 담고 있다. 현재로서는 역량에 기반한 수업을 설계하는 것에 대한 어려움이 있지만, 설계하고자 하는 수업을 통해서 학생들이 신장되기를 기대하는 역량은 무엇인지와 연결해 볼 수 있다. 물론, 이 카드들 중 상황에 따라 필요한 것들을 선택적으로 활용할 수 있다. 그리고, 추가적으로 고려해야 할 요소를 포스트잇에 작성해서 활용하는 방법도 있다. 각 카드는 내용이 작성되어 있는 예시 카드와 내용이 작성되어 있지 않은 빈 카드로 구성되어 있다. 내용이 작성되어 있지 않은 빈 카드는 추가적인 아이디어를 작성

▲ 수업설계카드 예시

▲ 예시 카드를 활용한 수업 설계   ▲ 빈 카드를 활용한 수업 설계

하는 데 활용될 수 있다. 경우에 따라서는 빈 카드만으로 수업을 설계할 수 있다. 카드의 종류와 활용법이 다양한 만큼, 그 결과도 다양하다.

그렇다면 카드 활용 수업 설계의 목적은 무엇인가? 팀으로 진행할 경우, 첫째, 수업설계카드는 동료 교사와 재미있게 수업 대화를 나누는 매개물이 될 수 있다. 둘째는, 수업 설계카드를 활용하면 동료 교사와 협력적으로 수업을 설계할 수 있다. 앞에서 언급한 것처럼, 서로가 가지고 있는 생각을 보다 쉽게 공유하고, 공통의 의견을 만들어 가는 데 수업설계카드가 도움이 될 수 있다. 셋째, 재미와 의미가 있는 학습자 중심 수업을 설계하는 데 도움이 된다. 협력을 요구할 정도로 복합적이고, 맥락적인 수업을 구성할 때 수업설계카드는 필요한 요소들을 놓치지 않도록 도움을 준다. 선생님들과 대화를 나누는 과정에서 학생들에게 의미 있고, 재미있는 방향으로 수업을 설계해 나갈 수 있다. 넷째, 설계한 수업을 동료들과 공유하고 성찰하게 한다. 카드를 활용하기 때문에 대화의 과정과 결과를 시각화하여 표현할 수 있다. 따라서, 같은 팀원들뿐만 아니라 다른 팀원들에게도 수업 설계 과정을 공유하고 피드백을 받을 수 있다. 마지막으로, 협력적인 교사 문화를 만들어 가는 데 도움이 된다. 카드를 활용해서 짧은 시간이지만 재미있고 의미 있게 협력적 수업 설계를 하면서, 교사들 간의 철학을 공유하고 협력에 대한 부담감과 장벽을 낮

▲ 학교 내 카드 활용 수업 설계

출 수 있다. 또한, 이러한 경험은 다른 목적의 협력을 만들어 가는 데에도 도움을
줄 수 있다.

협력적 수업 설계
참여자들의 이야기

1. 선생님들의 이야기

협력적 수업 설계에 참여한 교사들은 협력적 수업 설계 모형과 가이드에 따른 설계 활동 경험에 대해 어떻게 생각하고 있을까?

> **❝** 설계 가이드는 팀원들이 협력적 수업 설계 과정에 수평적으로 참여하고 다양한 의견을 효과적으로 조정하는 데 유용했어요.

설계 활동을 시작하며 교사 팀은 설계 가이드를 함께 읽고, 지침에 따라 활동을 진행하려고 노력하였다. 설계 초기에는 설계 가이드에 대한 의존도가 높았다. 팀원들은 각 세부 내용마다 제시된 아이디어 설명, 토론, 조정 등의 활동을 반복적으로 경험하였다. 설계 활동을 진행하면서 모든 팀원들이 합의한 설계 산출물이 효율적으로 도출되자, 설계 모형과 설계 활동에 대한 긍정적인 인식을 갖게 되었다. 협력적 수업 설계 활동 후반부에는 아이디어 생성과 조정 과정을 자연스러운 활동으로 받아들이게 되었다.

> "처음에는 단순히 포스트잇 몇 번 붙이는 것이라고 생각했는데, 이러한 과정이 (단계마다) 계속적으로 반복되었어요. 방법적인 측면에서 체계적이라고 느껴졌어요. 이러한 반복적인 경험이 저에게는 학습이 된 것 같아요. 의견이 빨리 나오지 않을 것 같으면 자연스럽게 포스트잇을 찾고, 의견을 자유롭게 작성하고, 설명하고, 유목화했어요. 꼭 포스트잇으로만 한 것은 아니었지만 설계 가이드에서 반복적으로 했던 긍정적인 경험이 우리가 계속 그런 활동을 할 수 있도록 만들었어요."

> "설계 가이드에는 방법 및 절차 등이 상세하게 나와 있잖아요. 처음에는 이 내용들을 의식적으로 따르려고 한 부분이 있었는데, 언젠가부터 따르려고 해서 따른다기보다는 이끌려 간다는 느낌을 받았어요. 항상 가이드를 보거나 읽을 때, 비슷한 내용들이 많았어요. 초반에는 훈련의 느낌이 있었지만, 후반부로 가면서 자연스러웠어요. 세뇌된 느낌이었다고나 할까요?"

그전의 협력적 수업 설계에서는 특정 교사가 수업 설계를 주도하는 경향이 있었으나 협력적 수업 설계 가이드에서 제시한 대로 활동할 경우 모든 팀원들의 의견이 설계 과정에 반영될 수 있었다. 경력, 연령, 전공, 협력적 수업 설계 경험 등이 다양했음에도 설계 활동별 세부 내용을 적용하면 모든 팀원들이 자신의 의견을 자유롭게 발언할 수 있었다. 그 과정에서 팀원들은 동료들을 더욱 잘 이해할 수 있게 되었고, 자신이 갖고 있던 관점과 경험의 한계를 확장시킬 수 있었다. 협력적 수업 설계 과정에서 개인의 의견은 다른 팀원들의 의견을 통해 지지되거나 보완되기도 하고, 최초의 의견보다 정교화되거나 교육적으로 좀 더 효과적인 형태로 발전하였다.

이 과정에서 팀원들은 동료가 갖고 있는 강점을 발견함으로써 개별적으로 수업을 설계하고 실행하는 것보다 효과적인 수업을 설계할 수 있다는 확신을 갖게 되었다. 팀원들 간의 신뢰가 형성되고 상호 의존적인 관계를 맺음으로써 개인의 인지를 팀원들에게 분산할 수 있었다.

"협력을 하다 보면, 보통 주도하는 사람들이 이끌고 갔던 것 같아요. 그런데, 이번 설계에서는 모두가 뭔가 도구를 사용해서 자신의 의견을 설명했고, 모두 똑같이 의견을 말할 수 있었어요. 기본적으로 모든 구성원들의 의견이 대등하게 반영되었어요. 동료의 얘기를 들음으로써 합의를 할 수 있게 된 것 같아요."

"저는 제 교과의 비폭력 대화 수업만 했다면 다른 측면을 생각하지 못했을 거예요. 사실, 선생님들과 대화를 하면서 실제 생활에서는 비폭력 대화만이 아니라 강하게 거절하거나 주장하는 것, 다른 사람들의 지위와 역할을 이해하는 것도 필요하구나 생각했던 거죠. 저는 내가 가르치는 것만이 전부라고 생각하고 가르쳤을 거예요. 우리 팀의 비전이 앎과 삶을 일치시키는 것이었는데, 이것을 달성하기 위해서 모든 팀원들이 제 역할을 해 주고 있었고, 어느 순간 그 부분에 대해 신뢰하고 존중했던 것 같아요."

> 66 협력적 수업 설계 활동은 수업을 체계적으로 설계하는 데 도움을 주었어요.

교사 팀원 중에는 기존에 경험했던 협력적 수업 설계가 비계획적으로 이뤄지거나 수업 설계에서 고려해야 할 요소들을 제대로 다루지 않는 경향이 있었다고 했다. 그러나 이번에 자신들이 경험한 협력적 수업 설계 활동은 수업에 반영해야 할 세부적인 내용들을 구체적으로 제시하고 있었고, 각 단계별 성찰 및 평가를 통해 특정 내용들을 수정할 수 있었다고 했다.

"그전에는 협력적 수업 설계를 하다 보면 초기에 생각했던 수업과 다른 형태로 결과가 도출되는 경우가 많았어요. 우리도 모르게 이

상한 방향으로 수업 설계가 진행되거나 어디서 잘못된 것인지를 알 수 없는 경우가 많았어요. 그래서 만족스럽지 않았던 것 같아요. 만족스럽지 않은데도 어느 부분을 수정해야 하는지가 불명확했으니까요. 그런데, 이번 설계에서는 설계해야 할 부분이 잘게 쪼개져 있었고, 잘못된 부분으로 다시 돌아갈 수 있기 때문에 설계가 잘된 것 같아요."

또한, 설계 활동별 세부 내용에는 교사 팀이 협력적으로 혹은 개별적으로 수행해야 할 내용과 방법을 구체적으로 명시하고 있었기 때문에 심리적인 안정감을 주었다. 팀원들에게 제공한 설계 활동별 세부 내용은 구체적인 활동 내용을 담고 있었고, 각각의 내용들이 유기적으로 연결되어 있었기 때문에 팀원들은 교사 간의 협력이나 수업 설계 방법에 대한 고민을 하지 않았다. 그 대신 설계할 내용에 대한 논의에 집중할 수 있었다. 협력적 수업 설계 모형과 설계 활동별 세부 내용은 교사 간의 협력과 수업 설계의 효과를 높여 주기도 하였을 뿐 아니라 참여한 팀원들에게 정서적인 안정감과 편안함을 갖게 하였다.

"설계 가이드를 사용하다 보니 막연함이 사라진 것 같아요. '어떻게 수업을 동료들과 설계하지?' '어디부터 시작하지?' 라는 생각이 줄어들었어요. 이것을 사용하니까 '방법이 있으니 답이 찾아지겠지.' 하는 안정감이 있었던 것 같아요. 만약 아무것도 없는 상황이었다면 안개 속을 계속 걸어야 하지 않았을까요?"

"그동안은 직관적으로 설계를 하는 경향이 있었어요. 친하고 마음
이 맞는 선생님들끼리 진행하긴 했지만 원칙이 없었기 때문에 교
사들 간에 좋은 경험 한 번 하는 것에 그쳤던 것 같아요. 그런데 이
번에는 체계적으로 설계를 하게 되었는데…… 그게 좀 신기했어
요. 그러한 체계성이 안정감을 주었다고 해야 할까요? 구조가 촘
촘히 서 있고, 살을 붙여 가는 느낌이랄까? '실패할 확률이 적겠다'
는 생각이 처음부터 들었어요. 설계 가이드가 지지대 역할을 해 줬
던 것 같아요."

> 66 협력적 수업 설계 과정에서 도구를 적극적으로 활용함으로써
> 수업 설계의 효율성과 효과성을 향상시킨 것 같아요.

협력적 수업 설계는 개인이 아닌 팀 활동이며 팀원들 간의 지식과
경험을 공유하고 조정하는 것이 중요한 활동이다. 설계 활동에 참여
한 교사들은 자유롭게 아이디어를 생성할 때 포스트잇을 사용했고,
구체적인 활동 계획을 세울 때 수업설계카드를 활용해서 아이디어
를 구조화했다. 개별 팀원들은 이러한 도구를 활용하여 자신이 가지
고 있는 생각을 외현화하고 다른 팀원들이 볼 수 있도록 시각화하

였다. 팀원들은 수업 설계 과정에서 도구가 갖는 효과를 경험하면서 심리적으로 도구에 의지하게 되었다.

"저는 수업설계카드를 활용하면서 다른 사람의 의견들을 한눈에 볼 수 있었던 게 좋았어요. 말로만 했다면 집중하기도 어려웠겠지만 한 번 듣고 잊어버렸을 거예요. 제 생각을 눈으로 볼 수 있게 하는 효과도 있었지만 다른 사람들의 생각을 쉽게 조정할 수 있었던 거죠. 수업설계카드를 나열한 상태에서 (팀원들은) 배치했던 것 중에서 가장 좋은 것을 선택하면 됐으니까 편안함을 준 것도 사실이에요. 마치 객관식 문제에서 답을 찾는 느낌인 거죠."

"포스트잇은 의견을 모으고 조정하는 데 큰 역할을 했어요. 그리고 수업설계카드는 배치하고 구조화하는 데 좋았던 것 같아요. 대강의 비전, 수업 주제 등은 합의의 과정이 중요하지 배치가 중요한 것이 아니잖아요. 그래서 포스트잇이 중요했던 것 같아요. 그런데, 수업 활동을 짜는 데는 보다 효과적인 배치와 구조화가 중요하니까 수업을 빠른 시간 안에 계획할 수 있었어요. '포스트잇을 굳이 사용할 필요가 있나?' 하는 생각이 1초 정도 들긴 해요. 그런데 한 번 사용하고 보면 이게 얼마나 수업 설계를 효과적으로 만드는지를 알기 때문에 계속 사용하게 돼요. 내 의견을 몇 개 쓰는 것은 사실상, 일도 아니에요. 작성하다 보면 처음에 생각하지 않았던 아이디어들을 더 많이 끄집어내게 돼요. 심리적으로 의지하는 도구가

된 셈이에요. 얘가(포스트잇, 설계카드) 우리의 의견을 조정해 줄 거라는 믿음이 있는 거죠."

오프라인 환경에서 사용한 도구 외에도 교사 팀이 활동한 온라인 공간 역시 협력적 수업 설계에 긍정적인 영향을 미쳤다. 팀원들은 클라우드 기반의 온라인 노트와 채팅 어플을 주로 사용하였다. 온라인 노트를 통해 매시간마다 활동했던 기록과 산출물을 공유하였고, 채팅 어플을 통해서 각종 정보나 성찰 내용을 공유하였다. 온라인 노트는 오프라인상에서 활동했던 내용을 다시 확인하고, 깊이 있게 생각할 수 있는 기회를 제공하였다. 회의에 참여하지 못한 팀원들도 협력적 수업 설계 과정을 확인하고 의견을 제시할 수 있었다. 또한, 채팅 어플은 비공식적이거나 사적인 교류를 통해 정서적인 교감을 나눌 수 있는 공간으로 활용되었다. 오프라인 회의에서 부족했던 내용이나 새롭게 발견된 내용, 깊이 있게 생각해야 할 내용 등을 솔직하게 성찰하고, 팀원들로부터 공감받는 공간으로 활용된 것이다. 참여 교사들은 온라인 공간이 설계 과정에서 논의되었던 의견들과 산출물에 대한 숙고熟考의 장場이 되었다고 하였다.

"우리 활동에서는 공유할 수 있는 공간이 있었잖아요. 매시간 활동했던 기록을 읽어 보는 거랑 말로 듣는 것은 다른 느낌이었어요. 회의 시간에는 잘 몰랐던 것들도 집에 와서 온라인으로 다시 보니 새로운 생각이 떠오르는 경우도 많았어요. 확실히 곰곰이 생각할 수 있는 기회를 주는 공간이 있다는 게 중요한 것 같아요."

"너무 지쳐 있을 때, 온라인 공간 덕분에 회의를 조금 단축시키고 공유 문서 작성으로 에너지를 조금 아꼈던 것 같아요. 그리고 회의에서 결론이 잘 내려지지 않을 때, 숙의의 시간을 갖고 온라인 공간에서 공감과 격려, 더 좋은 아이디어를 공유하는 효과가 있었어요. 그런 점에서 온라인 공간은 공간의 변화를 통해 다른 관점에서 생각해 볼 수 있게 만드는 것 같아요. 장시간 얼굴을 맞대다 보면 피로감도 쌓이고, 생각이 유연해지지 않는 것 같거든요."

2. 학생들의 이야기

그렇다면, 선생님들의 협력을 통해 설계된 수업을 경험한 학생들의 생각은 어땠을까? 수업에 참여한 학생들은 다양한 관점에서 자신의 생각을 이야기했다.

> 66 이번 수업은 다양한 관점에서 주제를 살펴보고, 깊이 있는 생각을 할 수 있게 했어요.

개별적인 수업에서는 각 과목에 해당하는 관점과 지식만을 학습하게 되지만 교사들의 협력적 수업은 학생들이 여러 과목의 관점과 지식을 학습할 수 있도록 한다. 학생들은 교사들의 협력적 수업 설계를 통한 융합수업을 경험하면서 일상생활 속 실제 문제를 다양한 관점에서 생각해 보고 해결해야겠다고 생각하게 되었다. 또한, 각 과목별로 학습이 분리된 것이 아니라 서로 연결되어 있음을 인식하고, 그 이후에 학습을 진행할 때에도 융합적인 사고를 하는 데 영향을 미칠 것이라고 했다.

> "수업이 한 가지 주제를 다양한 관점에서 바라보도록 해서 생각을 더 깊이 있게 발전시킬 수 있었어요. 수업 내용이 짜임새 있는 단계로 전개되어서 이해하기가 쉬웠습니다."

> "다양한 과목 선생님들이 협력하여 수업을 진행해 주시니 한 가지 갈등에 대해서 여러 가지 방면으로 생각해 볼 수 있어서 좋았던 것 같고, 한 가지 갈등해결을 배우는 데 여러 과목 선생님들이 수업을 협력하여 진행하시니 더 다양한 걸 배울 수 있어서 좋았어요. 뭔가 앞으로 이런 갈등 상황이 생긴다면 이번에 배운 것처럼 더 여러 가지 방면에서 생각해 보고 해결해 볼 수 있을 것 같아요."

실제 문제가 발생할 때 해결할 수 있는 능력을 키우는 수업이었
어요.

협력적 수업에서는 교사들이 개발한 문제상황을 학생들에게 제시
하였다. 설계 시 다양한 과목의 관점이 반영되면서 문제상황은 학생
들이 경험하게 될 실제 문제에 가까워졌다. 학생들은 각 교과의 학
습을 한다는 느낌보다는 실제 문제를 해결하기 위한 학습이라는 생
각을 갖게 되었다. 그리고 학습에 참여하는 과정에서 실제 문제를
해결하기 위한 능력을 신장시켰다고 판단하였다. 학생들은 일상생
활 속에서 유사한 문제상황을 경험하게 될 경우, 학습한 내용을 활
용할 수 있겠다는 자신감을 갖게 되었다.

"이번 학습을 하면서 가장 좋았던 점은 일상생활에서 겪을 수 있는
친구 간의 갈등 상황을 구체적으로 제시해서 우리가 해결 방안을
생각해 볼 수 있도록 하는 점이었습니다. 앞으로 인생을 살아가면
서 수많은 친구와 갈등을 겪을 것인데 수업을 통해 시뮬레이션을
해 볼 수 있었어요. 저는 문제상황을 해결하려고 노력했고, 더 객
관적으로 문제점을 바라볼 수 있게 된 것 같습니다."

"이번 수업 활동을 하면서 매번 하나의 문제(과제)를 풀 때도 고민
을 많이 했습니다. 가상의 캐릭터지만 진짜라고 생각하고 도움을

주고자 하는 마음으로 참여하니 그랬던 것 같습니다. 이렇게 많은 고민을 하면서, 생각하고 풀어내는 능력을 더 향상시킨 것 같습니다. 진짜 내 주변 친구들에게 이런 일들이 생긴다면 어떻게 도와줘야 하고 나에게 이런 일이 생긴다면 어떤 태도로 임해야 하는지 알게 되었습니다. 이런 모든 점들이 저에게는 좋았던 것 같습니다."

> **❝❝ 문제해결 과정에 주도적으로 참여할 수 있었어요.**

수업에 적용된 교사 간의 협력적 수업 설계 가이드와 모형에는 학습자 중심 학습환경의 원리가 반영되었다. 설계 과정에서 교사 팀 역시 학습자 중심 수업으로 설계 방향을 설정하였다. 학생들은 수업 설계의 의도대로 본 수업이 지식을 전달하는 방식이 아니라 학생들의 생각을 끌어내도록 촉진하였다고 생각하였다. 정답이 정해져 있지 않은 문제상황에서 학생들이 자신의 입장을 선택하고, 각 과목의 학습 내용을 참고하여 스스로 해결책을 도출하도록 하였다. 학생들은 이러한 과정을 낯설게 느끼기도 하였지만 의미 있는 시간이라고 생각하였다.

"기존 일반 수업들은 교과서만 활용이 되었는데 이 수업은 갈등 상황을 여러 교과와 융합하여 해결하는 방법으로 풀어내고, 학생마다의 다양한 생각을 끌어낼 수 있다는 게 다른 일반적인 수업들과 차별화되는 점이라고 생각해요."

"일반적으로 다른 수업들은 답이 정해져 있는 것들이 많았는데 이 수업에서는 모든 게 자신의 생각을 펼치는 것들이었습니다. 솔직히 말하면 그런 부분이 조금 더 어렵고 힘들기는 했지만 그래도 더 많은 생각을 할 수 있고, 깊이 생각해 볼 수 있어서 좋은 면이 훨씬 많았고 의미 있는 시간이었습니다. 그리고 재미있었습니다."

> 66 선생님들이 협력적으로 수업을 진행하는 모습을 통해 수업을 바라보는 관점이 달라졌어요.

교사가 개별적으로 수업을 진행하는 경우에 학생들은 각 과목에서 강조하는 내용과 방법을 중심으로 학습하게 된다. 그러나 교사 간의 협력적 수업은 공통의 주제와 문제상황을 중심으로 수업이 진행된다. 학생들이 각 과목에서 학습한 내용과 방법들은 공통의 문제상황을 해결하기 위한 것이었다. 학생들은 과목간의 분리가 아닌 연계성을 발견함으로써 협력적 수업을 기존의 수업에 비해 다양성을 확보한 수업으로 인식하였다. 뿐만 아니라 교사의 개별적인 수업에 비해 협력적 수업은 학생들이 각 과목의 특징을 더욱 분명히 발견할 수 있게 하였다.

> "여러 과목 선생님이 함께 수업을 준비하시는 것을 보면서, 하나의 과목도 다르게 배울 수 있다는 길이 열리는 것 같았습니다. 이번 수업도 선생님들마다 각 과목의 특징과 선생님들의 특징을 살려 다양한 색깔의 수업을 준비해 주셨는데, 하나의 수업도 다양한 방법과 다양한 내용으로 배울 수 있다는 게 저에게는 큰 영향을 준 것 같았어요."

> ❝ 선생님들이 서로 협력한다는 것 자체가 수업에 대한 참여도와 만족감을 높인 것 같아요.

학생들은 다양한 과목의 교사들이 협력해서 새로운 형태의 수업을 만들었다는 것에서 의미를 찾았다. 학생들은 교사들이 제공한 학습 내용과 방법 외에도 교사 간의 협력이라는 것에 주목한 것이다. 교사들이 협력한다는 사실이 학생들에게 더 열심히 참여해야 한다는 인식을 갖게 하였다. 또한, 개별 학생들은 개별 교사만이 아니라 다양한 과목의 교사들이 모인 집단과 연결됨으로써 교사와 학교에 대한 신뢰가 형성되기도 하였다.

"선생님들께서 함께 협력해서 진행하신 수업이기에 더 열심히 참여했던 것 같아요. 또한 정말 힘든 친구 관계를 잘 이해해 주고 계시고, 갈등이 생겼을 때 도움을 주실 것이라는 믿음이 생겨 조금 마음이 편안해졌던 것 같아요."

"선생님들이 다 모여서 열심히 만드셨으니…… 그걸 아니까 더 열심히 할 수 있었어요. 그리고 선생님들께서 협력해 수업을 진행하셨으니 어떤 선생님한테 물어봐도 알 수 있어서 좋았어요."

부록

①
협력적 수업 설계 기록지

②
한눈에 보는 협력적 수업 설계 가이드

협력적 수업 설계 시 활용할 수 있는 기록지와
단계별 가이드를 다운받을 수 있다.

❶

협력적 수업 설계 기록지

□ 설계 기간 :	협력적 수업 설계 기록지
□ 수업 기간 :	
□ 수업유형 : □ 교과 교육과정, □ 창의적 체험활동, □ 기타:	
□ 대상 학년 : □ 초등학교 ( )학년, □ 중학교 ( )학년, □ 고등학교 ( )학년	

1단계 : 팀 준비 🅣

팀 비전 T-1-1	

설계 방향 T-1-2	

협력 방식 T-1-3	□ 수업 유형 : □ 개별 수업 실행, □ 공동 수업 실행, □ 기타 :
	□ 통합 방식 : □ 다학문적, □ 간학문적, □ 초학문적, □ 기타 :
	□ 기타 :

팀 역할 T-2-1	역할 내용	담당 팀원	역할 내용	담당 팀원

필요 자원 T-2-2				

팀 규칙 T-2-3				

팀 일정 T-2-4	일시/기간	활동 내용	일시/기간	활동 내용

2단계 : 분석 **A** – 주제 및 목표 설정			
주제 목록 A-1-1		주제 분석 기준 A-1-2	

선정 주제				

주제 관련 내용 / 기능 (성취기준) A-2-1	과목	교육과정(성취기준)	내용요소	기능요소

관련 역량 A-2-2	교육과정 역량	학습자가 해야 할 행동(역량을 발휘하게 하는 활동)

통합 목표 A-2-3	

(교과별) 세부 목표 A-2-3	교과	내용

3단계 : 설계 `Ds` , 4단계 : 자료 탐색 및 개발 `Dv`

최종 결과 평가 계획 Ds-1-1	교과	평가 내용	평가 방법

과정 평가 계획 Ds-1-1	교과	평가 내용	평가 방법

문제상황 시나리오 Ds-1-2	□ 문제 맥락 : □ 학생의 역할 : □ 영향을 미치는 대상 : □ 학습자의 최종 활동/산출물 : □ 기타 :	문제상황 이야기

학생 활동 계획 Ds-1-3			활동 지원 Ds-1-3		자료 탐색 및 개발 Dv	
#	학생 활동 (내용+기능)	관련 교과 (교사)	도구	스캐폴딩	자료 목록 (탐색/개발)	담당자
1						
2						
3						
4						
5						
6						
7						

공통 스캐 폴딩	

4단계 : 실행 I				5단계 : 평가 E
수업 실행 I-1-1			수집 자료 I-1-2	수업 평가(각 수업) E-1-2
일시	수업자 (협업자)	협력 요청 사항 &역할 배분 내용		
수업 평가 (종합) E-1-2				
팀 활동 평가 (종합) E-2-2				

❷ 한눈에 보는 협력적 수업 설계 가이드

1. 팀 준비하기

단계	T	팀 준비
활동	T-1	교사 설계 팀원(이하 팀원)들의 생각을 바탕으로 협력적 수업 설계의 비전과 방향을 설정한다.
세부	T-1-1	팀원들이 협력적 수업 설계를 통해 실현하고자 하는 궁극적인 교육 목적에 대해 자유롭게 논의하고 공통의 비전을 설정한다.

T-1 팀 비전과 설계 방향 설정

개념 해설

- 비전 : 개인 혹은 팀이 궁극적으로 달성하고자 하는 미래지향적인 교육 목적

방법 및 절차

- 설계 팀의 상황적 조건(예, 설계 기간, 수업 시간, 제도적 여용 범위, 참여자 정보 등)을 공유한다.
- 팀원 개인별로 협력적 수업 설계 활동을 통해 달성하고자 하는 비전을 말, 문자, 그림 등으로 표현한다.
- 팀원들은 말, 문자, 그림 등으로 표현한 자신의 비전에 대해 설명한다.
- 팀원들이 설명한 비전 중 명확하게 이해되지 않은 부분에 대해 질문하고, 추가적인 설명을 한다.
- 팀원들이 설명한 비전을 키워드 혹은 마음의 유사성을 중심으로 통합하여 팀 공통의 비전으로 설정한다.

유의 사항

- 설계 팀의 비전은 상황에 따라 하향식으로 설정된다. 상황식은 팀원들이 개별 비전으로부터 팀 공통의 비전을 도출하는 방식이며, 하향식은 팀 공통의 비전이 먼저 설정되고 개별 비전으로 내면화 하거나 조정하는 방식으로 이해된다.
- 팀원들의 교육 목적을 설명하는 과정에서 각 팀원들의 교육 신념, 철학, 관심사 등이 정보를 공유할 수 있다.
- 팀 비전은 설계 팀의 상황적 조건에 따라 다양하게 나타날 수 있다.

성찰 질문

- 팀원들의 개인 비전을 존중하고 통합하였는가?
- 설계 팀 비전을 팀원들이 모두 이해하고, 공유하고 있는가?

단계   T   팀 준비

활동   T-1   교사 설계 팀원(이하 팀원)들의 생각을 바탕으로 협력적 수업 설계의 비전과 방향을 설정한다.

세부   T-1-2   팀원들이 협력적 수업 설계의 목적을 달성하기 위해 지향해야 할 수업 설계의 방향을 설정한다.

개념 해설

- 수업 설계의 방향 : 설계 팀의 비전(교육 목적)을 달성하기 위해 팀원들이 수업 설계 전 과정에 일관성 있게 반영하고자 하는 설계 원칙. 수업 설계 과정에서 팀 구성원들의 아이디어 생성, 의사결정, 평가 등에 활용되는 기준

방법 및 절차

- 설계 팀의 비전을 확인하고, 팀원들은 비전을 실현하기 위한 수업 설계 방향에 대해 브레인스토밍 한다.
- 브레인스토밍 된 수업 설계 방향은 유사성을 중심으로 정리한다.
- 팀원들은 유형화된 설계 방향으로 적절성에 대해 논증한다.
- 팀원들은 논증 결과를 바탕으로 최종적인 설계 방향에 대해 합의한다.

유의 사항

- 브레인스토밍 단계에서 종이, 포스트잇 등, 수업 설계카드 등을 활용하여 팀원들이 생각을 시작하는 것이 좋다.
- 시간이 부족할 경우, 브레인스토밍 후 팀원들의 투표를 통해 최종적인 수업 설계 방향을 결정할 수 있다.
- 교과(전공)별 특성이 있으므로 다양한 특성의 구성원들이 모인 설계 팀에서는 포괄적인 설계 원칙을 설정하는 것이 좋다.
- 최근, 강조되고 있는 수업 설계 방향을 검토해 보고 팀 비전과 관련된 내용을 포함시킬 수 있다.

성찰 질문

- 수업 설계 방향에 대해 팀원들이 모두 이해하고, 공유하는가?
- 수업 설계 방향은 팀 비전을 실현하도록 설정되었는가?

산출물 예시

1단계: 팀 준비[T]

팀비전 [T-1-1]	우리는 사회적 책임과 협력적인 태도를 갖춘 인재를 양성한다
수업 설계방향 [T-1-2]	1. 프로젝트 수업 중심 운영 2. 과정 중심 수업 지향한다 3. 교과별 수업 연계한다 4. 협력학습방법 적용한다
협력방식 [T-1-3]	■ 업무분담: □교재개발진행, □교육활동운영, □설계안작성, □기타: ■ 수업유형: □개별수업진행, □공동수업진행, □기타: ■ 동형방식: □교과 간, □교과 내, □교과 없음, □기타:

[협력적 수업 설계 가이드]

1. 팀 준비하기

단계	T	팀 준비
활동	T-2	협력적 수업 설계를 위한 팀 활동 환경을 조성한다.
세부	T-2-1	협력적 수업 설계에 필요한 역할을 나열하고, 팀원들의 특성과 희망을 고려하여 역할을 배분한다.

개념 해설
- 역할 : 협력적 수업 설계의 비전 달성을 위해 수행할 수 있는 팀원들의 행위
  예) 팀 약속, 회의 내용 기록, 자료 정리, 설계 공간 준비 등

방법 및 절차
- 팀원들은 설계 활동에 필요한 역할들을 브레인스토밍 한다.
- 팀원들은 브레인스토밍으로 나열된 역할들을 통해 유사성을 중심으로 정리한다.
- 팀원들은 정리된 역할의 필요성에 대해 토론하고, 최종적으로 필요한 역할을 결정한다.
- 팀원들은 자신의 특성과 희망을 고려하여 역할을 선택한다.

유의 사항
- 역할은 모든 팀원들이 수행해야 하는 행위(예. 회의 내용 기록, 자료 정리, 설계 공간 정리, 수업 발문, 테크놀로지, 스케줄링, 자료 개발 등)을 중심으로 하거나 각 단계에서 조정이 되는 내용(수업 내용, 문헌 검토 등)을 세분화할 수 있다.
- 고정 역할과 설계 활동들별 순환 역할로 구분하여 필요한 역할을 세분화할 수 있다.
- 설계 과정에서 주기적으로 필요한 역할이 발생할 수 있다.

성찰 질문
- 설계 팀의 활동들에 필수적인 역할들이 도출되었는가?
- 설계 팀은 팀원들의 특성과 희망 등에 적합한 역할을 배분하였는가?

산출물 예시

협력방식 [T-1-3]
- 현력유무: □교과선정 □교육목표설정 □설계전략선정 □지도안작성 및 개발 □교재/단원 □교수평가
- 수업유형: □개별수업형 □공동수업형 □기타:
- 특성/기타:

	역할 내용	담당 팀원
팀 역할 [T-2-1]	1. (내용)	~00명
	2. (내용)	명00명
	3. (내용)	~00명
	4. (내용)	명000
	5. (내용)	

	물리적 자원	인지적 자원	기타 자원
필요 자원 [T-2-2]			

158

산출물 예시

		물리적 자원	인적 자원	기타 자원
공통 자원 [T-2-1]				
자원 [T-2-2]			…	
팀 규칙 [T-2-3]				

단계	T	팀 준비
활동	T-2	협력적 수업 설계를 위한 팀 활동 환경을 조성한다.
세부	T-2-2	팀이 필요한 자원에 대해 논의하고, 주어진 조건을 고려하여 결정한다.

개념 해설
- 자원 : 협력적 수업 설계에 팀 활동에 필요한 물리적 자원(필기도구, 수업 설계카드, 서적 등), 경제적 자원(예산), 인적 자원(전문가) 등
- 조건 : 설계 팀이 활용할 수 있는 제한된 시간, 예산, 제도 등

방법 및 절차
- 팀원들은 설계 활동에 필요한 자원을 브레인스토밍 한다.
- 팀원들은 자신에 브레인스토밍 한 자원을 설명한다.
- 팀원들은 브레인스토밍 된 자원들을 물리적/인적자원 등으로 분류한다.
- 팀원들은 설계 팀이에게 주어진 상황적 조건을 고려하여 나열된 자원 목록의 우선순위를 정하고 필요한 자원을 결정한다.

유의 사항
- 팀이 필요한 자원 중 인적자원 확보는 연수 및 컨설팅 등으로 이해될 수 있다.
- 팀원들이 브레인스토밍 한 자원들 중 팀 구성원들이 공통적으로 필요한 자원을 우선적으로 확보한다.
- 설계 팀이에게 필요한 자원이 상황적 조건만으로 축소되지 않을 경우, 팀원 간의 토론 혹은 투표 과정을 통해 결정할 수 있다.

성찰 질문
- 설계 팀이에게 필요한 자원을 결정하고 확보하였는가?
- 설계 팀이 확보하고자 하는 자원은 팀 활동의 효율성/효과성을 향상시키는가?

단계	T	팀 준비
활동	T-2	협력적 수업 설계를 위한 팀 활동 환경을 조성한다.
세부	T-2-3	팀의 협력적 수업 설계를 위한 팀 규칙에 대해 논의하고, 팀원들의 상황을 고려하여 결정한다.

개념 해설

• 팀 규칙 : 설계 팀이 설계 활동을 하면서 공동으로 지켜야 할 약속
  예) Ground Rule, 모임 시간 등

방법 및 절차

• 팀원들은 설계 활동 과정에서 지켜야 할 규칙을 브레인스토밍 한다.
• 팀원들은 자신의 브레인스토밍 한 규칙을 설명한다.
• 팀원들은 브레인스토밍 한 규칙을 유형화한다.
• 팀원들의 개별적인 상황을 고려하여 전체 팀원이 동의한 핵심적인 규칙을 결정한다.

유의 사항

• 팀 규칙이 설계 팀이 창의적인 활동을 제한하지 않도록 유의한다.
• 팀 규칙에는 모임 시간, 발언 방법 등이 포함될 수 있다.
• 설계 팀의 상황에 따라 팀 규칙은 설계 단계마다 추가될 수 있다.

성찰 질문

• 설계 팀의 규칙을 팀원들이 공유하고 있는가?
• 설계 팀의 규칙은 팀원들의 협력을 촉진하는가?

산출물 예시

160

단계	T	팀 준비
활동	T-2	협력적 수업 설계를 위한 팀 활동 환경을 조성한다.
세부	T-2-4	팀의 협력적 수업 설계를 위한 팀 일정에 대해 논의하고, 팀원들의 상황을 고려하여 결정한다.

산출물 예시

구분	일시/기간	활동내용	일시/기간	활동내용
규칙 [T-2-3]	3.2~6.28	교과협의회, 수업협의회, 수업공개	6.7~6.14	수업공개 및 사후협의회, 학생평가 및 피드백
	3.30~3.31	수업안 작성 및 검토	7.21	성찰
일정 [T-2-4]	4.3~4.30	수업자료 제작 및 공유		
	5.2~5.25	사전협의회 및 수정		

개념 해설

• 팀 일정 : 설계 팀의 설계 활동 스케줄로서 설계 활동 내용과 일시 등

방법 및 절차

• 설계팀은 협력적 수업 설계 활동 관리 모형(그림)을 참고하여 잠정적으로 필요한 팀 활동 목록을 작성한다.
• 팀원들은 활동 목록 중 자신의 상황을 고려하여 추가/삭제/수정해야 할 내용을 설명한다.
• 팀원들은 토론을 통해 최종적인 팀 활동 목록을 결정하고, 잠정적인 일정을 작성한다.
• 팀원들의 상황을 고려하여 일정을 구체화한 후 공유한다.

유의사항

• 팀 일정과 진행 상황은 전체 팀원들이 참고할 수 있도록 온라인 공간에 공유하는 것이 좋다.
• 설계 팀의 일정은 개별 팀원들의 학사일정, 수업 시간표, 기타 상황 등을 고려하여 결정한다.
• 설계팀은 공식적인 모임 시간뿐만 아니라 친목을 다지기 위한 비공식적이고 사적인 시간을 확보하는 것이 좋다.

성찰 질문

• 설계 팀의 일정은 협력적 수업 설계에 필요한 활동을 포함하고 있는가?
• 설계 팀의 일정은 팀과 팀원들의 상황을 고려하여 결정되었는가?

A-1 주제 선정

[협력적 수업 설계 가이드]

단계	A	분석
활동	A-1	협력적 수업 설계 비전에 적합한 주제를 선정한다.
세부	A-1-1	팀원들은 주제 선정 기준에 대해 논의하고 조정한다.

개념 해설

- 주제 선정 기준 : 팀이 공통으로 설계할 주제를 선정하는 기준 혹은 범위

방법 및 절차

- 팀원들은 주제 선정 기준에 대해 자유롭게 브레인스토밍 한다.
- 팀원들은 각각의 주제 선정 기준에 대해 설명한다.
- 설계 팀은 주제 선정 기준을 유목화하고, 정리한다.

유의 사항

- 주제 선정 기준에는 팀원들의 전공, 관심사, 상황, 담당 학년, 학습자 수준 등이 포함될 수 있다.
- 만약, 설계할 주제가 팀원들의 상황에 맞게 축소된 상태이거나 이미 정해져 있는 팀에서는 이 과정을 생략할 수 있다.
- 선정된 주제에 따라 팀이 설정한 수업 설계 방향이 수정될 수도 있다.

성찰 질문

- 주제 선정 기준은 팀 비전과 설계 방향에 적합한가?

산출물 예시

주제분석 기준[A-1-2]
팀비전
학습자 상황
온라인 공간에서의 학습이라는 상황
수업 실현 가능성
시의 적절성

단계	A	분석
활동	A-1	협력적 수업 설계 비전에 적합한 주제를 선정한다.
세부	A-1-2	팀원들은 협력적 수업 설계에 적합한 주제들을 나열하고, 주제 선정 기준에 적합한 주제로 통합 및 선정한다.

개념 해설

• 주제 : 설계 팀이 공동으로 다뤄야 하는 포괄적이고 핵심적인 내용 및 활동.
  빅아이디어 혹은 일반화된 지식 등

방법 및 절차

• 팀원들은 협력적 수업 설계에 적합한 주제를 모두가 볼 수 있도록 나열한다.
• 주제를 나열한 후 각 주제의 맥락을 깊이 있게 이해할 수 있도록 설명한다.
• 팀원들은 이해되지 않는 내용에 대해 질문하고 답변하는 시간을 갖는다.
• 나열된 주제들을 유사한 것끼리 유형화하고,
• 주제 선정 기준에 적합한 주제에 대해 논의하고, 가장 적합성이 높은 주제로 선정 및 통합한다.

유의 사항

• 주제는 학문 통합 방식이나 교사 참여 유형 등에 따라 다양하게 나타날 수 있다. 내용요소형(예:환경문제, 인권 등), 기능요소형(예:문제해결, 제작, 표현활동 등), 혼합형(내용요소+기능요소)
• 주제에 대한 브레인스토밍 시 포스트잇 수업 설계카드 등을 활용하면 시각화, 유형화에 도움이 될 수 있다.

성찰 질문

• 협력적 수업 설계에 적합한 주제들이 충분히 나열되었는가?
• 팀원들이 설명한 주제를 명확하게 이해하였는가?

산출물 예시

주제목록[A-1-1]
건강한 성(性)
다양성 & 차이 존중
직업 탐구
전염병 예방
온라인 소통 & 표현

163

2. 분석하기

A-2 상세 내용 분석 및 목표 설정

단계	A
활동	A-2
세부	A-2-1

분석

협력적 수업 설계할 주제의 상세 내용을 분석한다.

팀원들은 선정된 주제와 관련하여 학습자들이 학습해야 할 내용과 기능요소를 나열하고, 탐구안에서 핵심적으로 반영할 내용과 기능을 조정한다.

개념 해설

- 내용요소 : 학습자들이 학습해야 할 세부적인 내용. 예) 지구온난화, 사회문제 등
- 기능요소 : 학습자들이 수행해야 할 세부적인 활동. 예) 토론하기, 표현하기, 설명하기, 참여하기 등

방법 및 절차

- 팀원들이 힘이 선정한 주제와 관련하여 학습자들이 학습해야 할 내용요소와 기능요소를 브레인스토밍 한다.
- 팀원들은 자신이 나열한 내용요소와 기능요소에 대해 설명한다.
- 팀원들이 설명한 내용 중 유사한 것끼리 통합한다.
- 팀원들이 설명한 내용 중 적절하지 않은 내용에 대해 토론하고 삭제한다.

유의 사항

- 교과 교육과정에서는 학습자들이 학습해야 할 내용과 기능요소를 제시하고 있으므로 이를 활용할 수 있다.
- 팀원들이 설명한 내용 및 기능요소 중 명확하게 이해되지 않는 것에 대해 질문하고 답변하는 시간을 갖는다.
- 팀원들이 설명한 내용과 기능요소 중 학생들의 수준, 교육과정 범위, 학습환경 등에 의해 적용하지 않는 것들은 삭제한다.
- 교과 교육과정에 없는 경우, 설계 팀이 새로 팀 비전과 설계 방향과 선정된 주제를 참고하여 작성할 수 있다.
- 교과 특성에 따라 내용요소와 기능요소로 명확하게 구분되지 않을 경우, 예시를 참고하여 작성한다.

성찰 질문

- 주제와 관련된 내용요소와 기능요소가 모두 나열되었는가?
- 설계에 반영할 내용요소와 기능요소로 조정되었는가?

산출물 예시

164

단계	A	분석
활동	A-2	협력적 수업 설계할 주제의 상세 내용을 분석한다.
세부	A-2-2	팀원들은 내용요소, 기능요소 등을 결합하여 통합된 수업 목표로 진술한다.

개념 해설

- 통합된 수업 목표 : 개별 교과(전공)의 목표를 통합한 목표이며 본 수업이 달성하고자 하는 최종적인 상태

방법 및 절차

- 팀원들은 조정된 내용요소, 기능요소의 세부 내용을 나열한다.
- 나열된 내용들을 개별 교과 수업 혹은 수업 활동 단위에 맞게 통합하여 수업 목표로 기술한다.
- 팀원들은 각각의 수업 목표가 적절하게 기술되었는지 토론한 후 결정한다.
- 팀원들은 각각의 수업 목표를 통합할 수 있는 핵심 키워드에 대해 토론한다.
- 팀원들은 핵심 키워드를 결합하여 수업 전체의 통합된 수업 목표를 문장으로 진술한다.

유의 사항

- 두 가지 방식을 취할 수 있다. 첫째, 귀납적 방식은 앞에서 논의한 내용을 바탕으로 개별 팀원들이 자신의 교과(전공)의 수업 목표를 조정한 후 각각의 수업 목표를 통합하여 팀 공통의 수업 목표를 선정하는 방식이다. 둘째, 연역적 방식은 앞에서 조정한 성취기준을 바탕으로 공통 팀이 공통 수업 목표를 설정한 후 개별 팀원들이 수업 목표를 정하는 방식이다.
- 교과별 수업이 진행될 경우에는 교육과정 성취기준을 활용하여 공통 수업 목표를 재구성할 수 있다.
- 통합된 수업 목표는 수업에서 기르고자 하는 역량이나 구체적인 내용을 참고하여 진술할 수 있다.

성찰 질문

- 통합된 수업 목표가 선정한 내용 및 기능요소를 포괄하는가?
- 통합된 수업 목표를 구체화한 교과별 혹은 활동별 수업 목표가 수립되었는가?

산출물 예시

구분	
통합목표 [A-2-3]	(손글씨 내용)
세부목표 (교과별) [A-2-3]	(손글씨 내용)
기타	(손글씨 내용)

3. 설계하기

Ds-1 교수학습 활동 설계

[협력적 수업 설계 가이드]

단계	Ds
활동	Ds-1
세부	Ds-1-1

설계

학습자들에게 제공할 평가, 문제상황, 수행활동 계획을 설계한다.

수업 목표에 적절한 평가 아이디어에 대해 논의하고, 최종결과와 활동과정 상의 평가내용 및 방법을 조정한다.

개념 해설

- 최종 결과와 평가 내용 : 통합된 수업 목표에 따라 평가하고자 하는 최종 학습활동(산출물)의 내용
- 활동 과정의 평가 내용 : 최종 학습활동(산출물)에 이르는 과정에서 세부 학습목표에 따라서 평가되어야 하는 내용

방법 및 절차

- 팀원들은 통합된 수업 목표에 적절한 최종 결과의 평가 내용을 기준으로 각 아이디어에 대해 설명한다.
- 팀원들은 수업 목표의 비전/실계 방향 등을 기준으로 각 아이디어에 대해 토론하고, 최종 평가 내용을 결정한다.
- 팀원들은 최종 평가 내용과 세부 수업 목표에 적절한 평가 내용 등을 브레인스토밍 한 후 아이디어에 대해 설명한다.
- 팀원들은 최종 평가 내용 등을 근거하여 각 아이디어에 대해 토론하고, 활동 과정에서 필요한 평가 내용을 결정한다.

유의 사항

- 최종 평가 내용은 팀의 주제 선정 단계에서 이미 결정될 수도 있다. 이러한 경우, 최종 평가 내용 조정을 생략할 수 있다.
- 설계 방향에서 특정 수업 모형을 선택하였다면 모형의 각 단계별 학습활동(산출물)의 평가 내용이 될 수 있다.
- 평가 내용은 수업 목표 중 도달 여부를 반드시 확인해야 한다고 생각하는 것이므로 세부 수업 목표와 평가 내용이 일치할 필요는 없다.
- 평가 계획을 논의하면서 각 과목별 피드백 방안에 대해서 논의한다.

성찰 질문

- 통합된 수업 목표에 적절한 최종 결과(산출물)과 평가 내용이 결정되었는가?
- 최종 결과(산출물)과 평가 내용의 평가 내용과 연계되는 과정상의 평가 내용이 결정되었는가?

산출물 예시

최종결과 평가계획 [Ds-1-1]	최종 학습활동/산출물	평가내용	평가방법

단계	Ds	설계
활동	Ds-1	학습자들에게 제공할 평가, 문제상황, 수행활동 계획을 설계한다.
세부	Ds-1-2	팀원들은 문제상황에 대한 아이디어를 나열하고, 팀원들이 논의를 통해 조정한다.

개념 해설

- 문제상황 : 학생들의 학습활동을 유발 및 주도하고, 전체 학습활동을 포함하는 실생활 맥락의 이야기

방법 및 절차

- 팀원들은 학습목표와 평가 내용을 포괄하는 실생활 맥락에 대한 아이디어를 나열하고 설명한다.
- 팀원들은 학습자의 흥미/수준/실제성 등을 기준으로 아이디어에 대해 토론하고 적합한 맥락을 설정한다.
- 팀원들은 설정한 맥락에 따른 구체적인 이야기/실제적인 내용에 대한 아이디어를 나열하고, 설명한다.
- 팀원들은 문제상황의 내용이 최종 및 과정 평가 내용을 암시하거나 포함하도록 토론 등을 통해 조정한다.

유의 사항

- 문제상황은 문제맥락/문제표현/문제조작공간 등을 고려할 수 있다(Jonassen, 1999).
  - 문제맥락 : 학생이 처한 사회문화적, 조직적 환경, 관행 등
  - 문제표현 : 학습자의 관심을 끌고, 몰입할 수 있게 하는 표현(예, 이야기/형식 - 텍스트, 음성, 영상 등)
  - 문제조작공간 : 학생들이 학습활동에 영향을 미치는 대상, 사용 가능한 도구 등
- 문제상황 설정과 평가 계획 수립 활동은 상황에 따라 순서를 바꿔서 진행할 수 있다.

성찰 질문

- 문제상황은 학습활동을 이끌어가는 데 적합한가?
- 문제상황은 학습자의 흥미를 끌고, 몰입할 수 있도록 구성되었는가?

산출물 예시

167

단계	Ds	설계
활동	Ds-1	
세부	Ds-1-3	

개념 해설

학습자들에게 제공할 평가, 문제상황, 수행 활동 계획을 설계한다.

팀원들은 학습자들이 수행해야 할 활동 아이디어들을 나열하고, 팀원들의 논의를 통해 조정한다.

- 활동 아이디어: 최종 학습활동(산출물), 과정 평가 내용, 문제상황에 대한 구체적인 학습활동 아이디어

방법 및 절차

- 팀원들은 최종 학습활동(산출물) 및 과정 평가 내용을 근거로 학습자들이 수행해야 할 활동 아이디어를 설명하고 시간적으로 나열한다.
- 나열된 활동 아이디어를 팀원들이 논리적인 흐름에 따라 재조정한다.
- 팀원들은 수업 목표를 근거로 아이디어의 적합성에 대해 토론하고, 불필요하고 필요한 아이디어는 선택 및 추가한다.

유의 사항

- 학습활동은 세부 수업 목표, 과정 평가 내용을 포함하는 형태로 나타난다. 학습자의 흥미, 수업 상황을 고려하여 다양하고 충부한 학습활동을 구성할 수 있다.
- 활동 아이디어 나열 시에는 포스트잇, 수업 설계카드 등을 활용할 수 있다. 분석 단계에서 도출되는 내용요소와 기능요소를 활용 아이디어를 나열한다.
- 활동 아이디어 조정 시 팀원들의 수업 시간표/진도 계획 등을 고려하여 배치할 수 있다.

성찰 질문

- 활동아이디어는 세부 수업 목표 및 평가 내용과 연결되는가?
- 활동아이디어는 학습자들의 흥미/수준/문제상황 등에 적합한가?

산출물 예시

#	학습활동 계획(Ds-1-3)	활동자원(Ds-1-3)	스캐폴딩	자료제재 및 개별(분/개별)
1				
2				
3				
4				
5				
6				
7				
8				

168

3. 설계하기

Ds-2 활동 지원 설계

[협력적 수업 설계 가이드]

단계	Ds	설계
활동	Ds-2	학습자와 교수자의 활동을 지원할 도구와 스케줄링을 설계한다.
세부	Ds-2-1	학생 활동과 교수자의 평가활동을 지원하는 도구들을 각각의 활동과 연결하고, 공동의 논의를 통해 조정한다.

개념 해설

• 도구 : 학생의 학습활동이나 교사의 평가활동에 활용되는 학습 매체, 테크놀로지 등
  예) 교과서, SNS, 클라우드, 온라인 지도 등

방법 및 절차

• 팀원들은 전 단계에서 조정한 각각의 학습활동 및 평가활동에 적합한 도구를 자유롭게 나열한다.
• 팀원들은 자신이 연결한 도구 활용 아이디어에 대해 설명한다.
• 팀원들은 학습자 활용 수준, 학습환경 등을 기준으로 각각의 아이디어에 대해 토론한다.
• 팀원들은 토론 결과를 반영하여 최종적으로 사용할 도구를 결정한다.

유의 사항

• 팀원들이 도구에 대한 지식이 부족하다면 사전에 도구 목록을 제공하거나 도구 활용 방법을 안내하는 시간을 가질 필요가 있다.
• 학생들이 도구 활용 역량이 부족할 경우, 수업 초기에 도구 활용 방법을 안내하는 시간을 포함시키는 것이 바람직하다.
• 도구의 개수가 제한된 경우에는 구체적인 사용 시간을 협의하여 조정할 필요가 있다.

성찰 질문

• 선정된 도구는 학생들의 학습활동과 교사의 평가활동을 지원하는 데 적절한가?
• 선정된 도구는 학생들의 수준과 학습환경을 고려하여 결정되었는가?

산출물 예시

#	학생활동(내용+기능)	활동지원[Ds-2-1] 도구	스케줄링	자료출처 및 개발[Dv]
1				
2				
3				
4				
5				
6				
7				
8				

단계별 ●수업 지원:

단계	Ds
활동	Ds-2
세부	Ds-2-2

설계

학습자와 교수자의 활동을 지원할 도구와 스캐폴딩을 설계한다.

각 활동에서 학습자들에게 필요한 스캐폴딩을 나열하고, 공동의 논의를 통해 조정한다.

개념 해설

- 스캐폴딩: 학습자가 유의미한 학습활동을 수행할 수 있도록 교수자가 제공하는 도움

방법 및 절차

- 팀원들은 전 단계에서 조정한 학습활동과 도구를 고려하여 학습자에게 필요할 것으로 판단되는 교수자의 스캐폴딩을 자유롭게 나열한다.
- 팀원들은 자신이 나열한 스캐폴딩에 대해 설명한다.
- 팀원들은 학습자 관점/수준에서 스캐폴딩 아이디어에 대해 토론한다.
- 팀원들은 토론 결과를 반영하여 최종적으로 제공할 스캐폴딩들을 결정한다.

유의 사항

- 스캐폴딩의 유형은 다양하지만 일반적으로 개념적/절차적/전략적/메타인지적 스캐폴딩으로 구분한다.
  - 개념적 스캐폴딩: 학습자가 어떤 내용을 학습해야 하는가에 대한 안내
  - 절차적 스캐폴딩: 학습활동의 순서, 절차에 대한 안내
  - 전략적 스캐폴딩: 문제해결 및 과제 성취와 관련된 지침의 안내
  - 메타인지적 스캐폴딩: 모니터링이나 자기 성찰과 관련된 안내

성찰 질문

- 학생들의 학습활동 수행을 효과적으로 지원하는 스캐폴딩이 제공되는가?

산출물 예시

학생활동 개발[Ds-1-3]		활동지원[Ds-2-1]		자원·출처(참고/기타)
#	학생활동(내용+기능)	도구	스캐폴딩	
1				
2				
3				
4				
5				
6				
7				
8				

단계별 · 수업 자원:

4. 개발·실행하기

DI-1 자료 탐색 및 개발

[협력적 수업 설계 가이드]

단계	DI	개발 및 실행
활동	DI-1	팀원들이 협력적 수업 설계한 내용을 토대로 학습 자료를 탐색하고 개발한다.
세부	DI-1-1	팀의 학습활동 설계안 및 개발 교수자의 설계안에 근거하여 팀원들이 개별적으로 활용할 자료 목록을 나열하고, 팀원들의 논의를 통해 조정한다.

개념 해설

• 자료 : 교사 또는 학생들이 활용할 워크시트, 참고 자료, 물리적 도구, 학습환경 통

방법 및 절차

• 팀원들은 설계안에 작성한 각각의 교수학습 활동에 필요한 자료를 자유롭게 나열한다.
• 팀원들은 나열한 자료들을 수업 목표에 근거하여 토론을 통해 조정하거나 추가한다.
• 팀원들은 조정된 자료 목록 중 탐색적으로 개발해야 할 자료로 구분한다.
• 팀원들은 공통 혹은 개별적으로 개발해야 할 자료를 구분한다.
• 팀원들은 자료 개발 일정 및 역할 분담에 대해 논의 및 결정한다.

유의 사항

• 자료는 크게 탐색 자료와 개발 자료로 나눌 수 있다. 탐색 자료는 인터넷, 도서관 등을 통해 확보 가능하고, 개발자료는 교사가 개별적으로 혹은 협력적으로 개발할 수 있다.
• 자료는 수업 목표뿐만 아니라 설계 힘이 저안 자료 탐색 및 개발 조건을 마저 보고 조정할 수 있다.
• 팀원에게 피드백을 제공할 때에는 학습자 관점에서 분석한 내용을 설명한다.

성찰 질문

• 학습목표 및 학습활동에 필요한 자료가 선택되었는가?
• 탐색 및 개발하고자 하는 자료는 힘 상황에서 확보할 수 있는 것인가?

산출물 예시

단계	DI
활동	DI-1
세부	DI-1-2

개발 및 실행

DI-1 팀원들이 협력적 수업 설계한 내용을 토대로 학습 자료를 탐색하고 개발한다.

DI-1-2 팀원들은 학습자의 입장에서 동료의 탐색 자료 및 개발 자료에 대한 검토 의견을 제시하고, 자료를 제작 및 수정한다.

개념 해설

• 자료 : 교사 또는 학생들이 활용할 워크시트, 참고 자료, 플립러닝 도구, 학습환경 등

방법 및 절차

• 팀원들은 자신이 탐색하거나 개발한 자료에 대해 설명한다.
• 팀원들은 학습목표에 근거하여 탐색하거나 개발한 자료에 대해 토론한다.
• 팀원들은 의견을 반영하여 탐색 및 개발 자료를 수정, 보완한다.
• 팀원들은 수정, 보완된 자료를 공유하고, 팀원들의 이견을 바탕으로 수정/보완 과정을 반복한다.

유의 사항

• 자료 개발은 '프로토타입 개발-수정 보완(반복)'의 과정을 통해 효과성을 확보할 수 있다.
• 협력적으로 자료를 개발할 경우, 온라인 협업 도구를 활용할 수 있다.
  예) 온라인 문서 도구
• 개발한 자료는 학습자 관점에서 검토하고, 공통의 자료임을 인식해야 한다.

성찰 질문

• 개발된 자료는 학생들의 학습활동을 효과적으로 지원하는가?

산출물 예시

스토리보드 워크시트(예시)

172

4. 개발·실행하기

DI-2 수업 실행

[협력적 수업 설계 가이드]

단계	DI
활동	DI-2
세부	DI-2-1

개발 및 실행

팀원들의 설계안과 수업 자료를 활용하여 수업을 실행한다.

팀원들은 협력적 수업 설계안에 근거하여 수업을 실행한다.

개념 해설

· 수업 실행 : 설계안과 자료를 활용하여 교수학습 활동을 진행하는 것

방법 및 절차

· 수업 실행 전에 수업 실행 교사는 참여 교사들을 파악하고 협력할 내용을 협의한다.
· 개별 실행은 자신의 설계안에 기초하여 단독으로 수업을 실행한다.
· 공동 실행은 공동의 설계안에 기초하여 하나의 수업 안에서 역할을 분담하여 실행한다.

유의 사항

· 수업 참관 시, 수업 실행 교사는 수업의 주요 내용과 관찰할 부분을 동료들에게 설명하는 것이 효과적이다.
· 수업 지원의 경우, 수업 실행자는 지원받을 내용을 동료들에게 설명하는 것이 효과적이다.
· 수업 실행자는 협력적 수업 설계로 진행되는 전체 수업 과정을 학생들에게 확인시키고, 본 수업이 갖는 의미에 대해 설명할 필요가 있다.

성찰 질문

· 팀원들은 설계안에 근거하여 수업을 실행하였는가?
· 팀원들은 수업 실행 전에 협력할 내용을 상의하고, 적절하게 역할 분담하였는가?

산출물 예시

수업 실행[I-1-1]

일시	수업자	협력 요청사항&역할/세부 내용

173

단계	DI
활동	DI-2
세부	DI-2-2

팀원들의 설계안과 수업 자료를 활용하여 수업을 실행한다.

팀원들은 학습자들의 수행과정과 결과를 파악할 수 있는 자료를 수집하고 공유한다.

개념 해설

- 수행 과정과 결과 자료 : 수업 목표 및 평가 내용에 근거하여 학생들이 실제 나타내는 말, 글, 그림, 행동 등의 활동 자료

방법 및 절차

- 팀원들은 사전에 결정된 평가 내용 및 방법에 근거하여 수업 실행 전에 수집할 자료의 종류를 확인한다.
- 팀원들은 기준에 결정된 자료의 종류 이외에 협력적으로 수집할 자료의 종류에 대해 설명한다.
- 팀원 간의 토론을 통해 추가적으로 확보할 자료의 종류와 수집 방법을 결정하고 역할을 배분한다.
- 팀원들은 수업을 실행하는 과정 혹은 종료 시에 계획된 자료를 수집한다.
- 팀원들은 수집된 자료를 수업 실행자 혹은 팀원들에게 공유한다.

유의 사항

- 자료의 종류는 사전에 결정된 평가 내용 및 방법에 근거한다. 단, 수업 목표의 도달 여부 및 수업의 효과 등을 입체적으로 살펴보기 위해서 사전에 계획된 자료 이외의 종류를 수집할 수 있다.
- 추가적으로 수집할 수 있는 자료는 학생들의 반응에 대한 관찰, 인터뷰, 학습 분석기 등이 될 수 있다.
- 수업 실행을 공유하기 위해서는 온라인 소통 공간을 활용하는 것이 효과적이다.

성찰 질문

- 수업 실행 중·후에 수집한 자료는 학생들의 학습목표 도달 여부를 파악하는 데 적절한가?
- 수업 실행 중·후에 수집하고자 하는 자료는 수업 실행자가 수집 가능한가?

산출물 예시

5. 성찰·평가하기

단계 E 평가

활동 E-1 팀원들은 협력적 수업 설계를 통해 실행한 수업과 설계 과정을 평가한다.

세부 E-1-2 수업 실행 과정에서 수집한 학습(평가) 자료에 근거하여 성찰 및 평가한 내용을 공유하고, 설계한 수업을 공동으로 개선한다.

개념 해설

· 성찰 및 설계 : 자신 혹은 동료의 수업 과정 및 결과에 대한 양적·질적인 형성평가로서 수업 개선을 위한 목적
으로 진행

방법 및 절차

· 팀원들은 설계 단계에서 마련한 평가 기준에 근거하여 학습 과정 및 결과를 성찰/평가하고 팀원들과 공유한다.

· 팀원들은 동료의 성찰/평가 내용에 대한 토론을 진행하고, 개선해야 할 사항을 도출한다.

· 팀원들은 토론을 통해 도출된 개선 사항을 반영하여 수업 설계안 및 실행 전략을 수정한다.

유의 사항

· 수업 실행자의 수업이 반복적으로 진행되는 경우에는 수정된 수업 설계안과 실행 전략을 토대로 수업을 개선
하는 것이 바람직하다.

· 수업 실행자의 수업이 1회로 종료되는 경우에는 해당 수업의 성찰/평가 내용을 토대로 추후 진행되는 동료의
수업 설계안과 실행 전략을 수정할 수 있다.

성찰 질문

· 수집한 자료에 근거하여 학습목표 혹은 학습자 관점에서 성찰/평가하였는가?
· 성찰/평가 내용을 바탕으로 수업 설계를 수정하였는가?

산출물 예시

단계별 성찰/평가 (E-1-1)	■성찰지 : ○○○(2022. 9. 23.) [손글씨 메모 영역]
단계별 성찰/평가 (E-1-1)	■성찰지 : □□□(2022. 9. 23.) [손글씨 메모 영역]

175

단계	E	평가
활동	E-1	팀원들은 협력적 수업 설계를 통해 실행한 수업과 설계과정을 평가한다.
세부	E-1-2	각 단계별 협력적 수업 설계 목표(미션)에 근거하여 활동결과를 성찰하고 평가한다.

개념 해설

- 단계별 협력적 수업 설계 성찰/평가 : 단계별 활동 목표(미션)를 토대로 팀원들이 활동 과정과 결과를 성찰하고 평가하는 팀 활동

방법 및 절차

- 팀원들은 각 단계의 협력적 수업 설계 목표(미션)를 확인한다.
- 팀원들은 각 단계의 협력적 수업 설계 목표(미션)를 참고하여 자신과 팀 활동에 대해 성찰한 내용을 설명한다.
- 팀원들은 다음 단계의 협력적 수업 설계 활동에 반영해야 할 내용에 대해 토론한다.
- 팀원들은 토론을 통해 합의한 내용을 공유하고 주후 팀 활동 시 활동에 반영한다.

유의 사항

- 협력적 수업 설계 과정에 대한 평가는 팀 활동 시 주기적으로 진행하는 것이 바람직하다. 즉, 팀원들은 마지막 단계가 아니라 각자의 활동마다 팀 활동을 성찰 및 평가하는 것이 바람직하다.
- 협력적 수업 설계 목표(미션)는 본 설계 원리의 상세 지침이나 성찰 질문을 활용할 수 있다.
- 성찰 및 평가 결과를 반영하여 설계 팀의 협력 방식이나 수업내용을 수정할 수 있다.

성찰 질문

- 협력적 수업 설계 과정에 대해 성찰·평가하고 있는가?
- 협력적 수업 설계 과정의 성찰·평가 결과를 반영하고 있는가?

산출물 예시

단계별 성찰/평가 (E-2-1)	■ 팀 활동자: [개인별 성찰]
단계별 성찰/평가 (E-2-1)	■ 팀 활동자: [팀 성찰]

176

5. 성찰·평가하기

E-2 종합평가

단계	E	평가
활동	E-2	팀원들은 팀의 협력적으로 설계한 수업과 설계 과정 및 결과에 대해 종합적으로 성찰 및 평가한다.
세부	E-2-1	수업실행과정에서 나타난 학습(평가)결과를 검토한 후 설계 초기에 설정한 수업 목표에 근거하여 종합적으로 평가한다.

개념 해설

• 종합 평가: 협력적 수업 설계에 따른 전체 수업을 종료한 후 학생들의 활동과정과 결과를 토대로 수업의 목표 도달여부를 판단하는 종합적인 평가

방법 및 절차

• 팀원들은 각각의 수업실행 결과를 종합적으로 성찰/평가하고, 수업 목표에 도달여부를 실제 자료에 근거하여 설명한다.
• 팀원들은 서로의 수업에 대해 질의 응답하고 각각의 수업에 대한 성찰/평가를 정리한다.
• 팀원들은 개별 수업에 대한 평가를 참고하여 팀 공통의 수업 목표에 도달여부에 대해 토론한다.
• 팀원들은 협력적 수업 설계에 따른 수업의 종합 평가 결과를 정리하고 그 결과를 팀원과 외부에 공유한다.

유의 사항

• 개별 수업에 대한 성찰/평가가 이미 진행될 경우에는 그 과정을 생략할 수 있다.
• 종합평가는 학업성취도뿐만 아니라 역량평가결과를 활용할 수 있다. 또한, 양적결과분석 아니라 관찰, 인터뷰 등의 질적자료에 근거하여 종합평가를 할 수 있다.
• 종합 평가 결과의 공유는 팀 상황에 따라 결정하되 협력적 수업 설계안, 실행과정, 성찰/평가 내용 등을 포함할 수 있다. 공유대상은 학교 안·밖의 학습공동체 등이 될 수 있다.

성찰 질문

• 학습활동 전체에 대한 종합적인 성찰/평가가 이뤄졌는가?

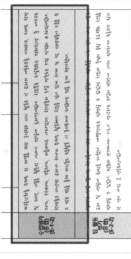

산출물 예시

종합평가(예시)

단계	E
활동	E-2
세부	E-2-2

평가

팀원들은 협의로 협력적으로 설계한 수업과 설계 과정 및 결과에 대해 종합적으로 성찰 및 평가한다.

팀 비전을 기준으로 협력적 수업 설계의 전체 과정 및 결과에 대해 성찰하고 평가한다.

개념 해설

• 전체 과정에 대한 협력적 수업 설계 평가 : 단계별 팀 활동이 아닌 협력적 수업 설계 전체 과정에 대한 팀원들의 성찰 및 평가

방법 및 절차

• 팀원들은 팀 비전을 참고하여 협력적 수업 설계의 전체 과정 및 결과에 대해 성찰/평가한 내용을 자유롭게 설명한다.
• 팀원들은 공통적인 성찰/평가 내용을 분류하고, 팀원 간 서로 다른 의견이 존재하는 내용에 대해서 토론한다.
• 팀원들은 최종적인 성찰/평가 결과를 정리하고, 공유한다.

유의 사항

• 협력적 수업 설계 과정을 팀 비전뿐만 아니라 개별적인 참여 의도 등에 민도 등에 따라 자유롭게 성찰/평가하는 시간을 갖는다.
• 팀별 상황에 따라 전체 과정을 외부 공통체와 공유하는 시간을 마련하고, 협력적 수업 설계의 노하우가 확산될 수 있도록 한다.

성찰 질문

• 협력적 수업 설계가 팀 비전을 실현하도록 진행되었는가?

산출물 예시

종합평가(예시)

178

참고문헌

강충열 (2014). 혁신 지향적 초·중등학교 학교 문화 창조 모델 탐색. 통합교육과정연구, 8(3), 139-166.

곽영순(2016). 중학교 범교과 수업공동체의 특징 탐색. 교과교육학연구, 20(2), 79-86.

권순형·김도기(2013). 교사협력 진단도구 개발 및 타당화. 교육행정학연구, 31(1), 109-132.

구하라, 홍지인(2018). 교사협력과 공식적 교사학습이 학습자 중심 교수활동 실천에 미치는 영향. 교사교육연구, 57(4), 563-576.

김도헌(2008). 교사들의 지식공유 및 전문성 향상을 위한 네트워크 기반 실천공동체의 발달과정: 인디스쿨 사례연구. 교육공학연구, 24(2), 1-30.

김민조, 심영택, 김남균, 김종원(2016). 교사들의 반자발성에서 출발한 학교 내 교사학습공동체 운영 사례 연구. 한국교원교육연구, 33(4), 223-248.

김송자, 맹재숙, 박수정(2013). 초등학교 교사학습공동체 운영 사례 연구. 교육연구논총, 34(1), 227-247.

김오범, 양일호(2014). 예비교사의 공학설계 활동에서 나타나는 인지적 인공물 분석: 분산인지 관점으로. 예술인문사회융합멀티미디어논문지, 4(2), 257-270.

김성종, 김현진 (2016). 국내 학교교육에서의 테크놀로지 기반 학습자 중심 학습환경 연구의 동향분석. 교육공학연구, 32(3), 611-641.

김영주(2018). 한 혁신초등학교의 사례를 통해 살펴 본 동학년 교사연구공동체 운영의 이점. 예술인문사회융합멀티미디어논문지, 8(3), 43-56.

김유경(2018). 교사학습공동체의 협력적 상호작용 비교 분석. 수학교육연구, 28(1), 75-96.

김종훈(2019). 교사학습공동체 교사들이 인식하는 '수업 나눔'의 의미와 그 특징. 학습자중심교과교육연구, 19(23), 101-122.

김정원, 방정숙, 김상화(2017). 전문적 학습공동체의 초등 수학 수업에 관한 사례연구. 초등

수학교육학회지, 20(4), 267-286.

김현진, 남광우, 한정혜, 윤옥경(2015). 모바일기기 활용 초등학교 협력적 현장학습에서 분산인지 기반 학습과정 분석. 교육정보미디어연구, 21(3), 361

김혜진, 김혜영, 홍창남(2015). 교사 협력이 교사 만족에 미치는 효과 분석: 혁신학교와 일반학교의 차이를 중심으로. 한국교원교육연구, 32(2), 123-148.

김혜영, 홍창남(2015). 학교 내 교사 협력이 학교효과성에 미치는 영향 분석. 교육혁신연구, 25(2), 193-220.

나일주, 홍성연(2003). 가상학습공동체 형성 과정 모형 연구, 교육공학, 19(3), 101-122

나귀수(2010). 초등학교 수학 수업 학습공동체 활동에 대한 연구. 수학교육학연구, 20(3), 373-395.

노희진, 백성혜(2014). STEAM교육을 실행한 중등교사의 융합교육에 대한 인식. 학습자중심교과교육연구, 14(10), 375-402.

박기용(2007). 교수설계모형과 실천 간의 차이와 원인 분석. 교육공학연구, 23(4), 1-30.

박기용(2008). 교사의 수업계획 과정에 관한 사례연구. 한국교원교육연구, 25(3), 379-405.

박기용(2010). 숙련된 교사의 수업설계 활동에 토대한 수업설계모형 개발. 교육공학연구, 26(3), 21-52

박기용(2013). 교사의 수업설계 사고과정 분석 연구. 한국교원교육연구, 30(3), 175-196.

박민선, 최성욱(2017). 단위학교 교사학습공동체 내 초등교사의 교육과정 실행 경험에 관한 근거이론 연구. 교원교육, 33(2), 171-203.

박선미(2006). 협력적 설계가로서 사회과 교사 전문성 개발을 위한 패러다임 탐색. 사회과교육, 45(3), 189-208.

박성익, 임철일, 이재경, 최정임, 임정훈, 정현미(2012). 교육공학의 원리와 적용. 파주: 교육과학사.

박주호, 송인발, 이전이(2016). 학습활동으로서 교사협력이 수업개선 정도에 미치는 효과. 한국교원교육연구, 33(1), 243-265.

박한숙, 이대용 (2017). 초등학교 교사, 학부모 및 학생 인식에 근거한 교육공동체 개념 요인 탐색. 학습자중심교과교육연구, 17(8), 291-310.

백정현, 박미희(2020). 교사학습공동체 효과 분석: 경기도 '학교 안 전문적 학습공동체'를 중심으로. 한국교원교육연구, 37(1), 309-338.

솔밭중학교 학습공동체(2019). 교과융합 프로젝트 수업과 학습공동체 이야기. 서울: 테크빌교육.

서경혜 (2009). 교사 전문성 개발을 위한 대안적 접근으로서 교사학습공동체의 가능성과 한계. 한국교원교육연구, 26(2), 243-276.

시지현(2016). 복잡한 과제에서 협력학습 효율성에 대한 정서적 설명: 인지부하이론의 관점에서. 교육공학연구, 32(1), 113-137.

신상규(2011). 확장된 마음과 동등성 원리. 철학적 분석, 23, 83-108.

신세인, 이준기(2017). 사회네트워크 분석법을 활용한 중등교사들의 융합 및 융합교육에 대한 인식 탐색. 융합교육연구, 3(1), 35-52.

신지혜(2011). 수업전문성 신장을 위한 수업비평 공동체에 관한 연구. 열린교육연구, 19(2), 71-97.

안지연, 김영은(2019). 초학문적 융합 패러다임의 수업 설계 원리. 통합교육과정연구, 13(2), 23-50.

오찬숙(2016). 교사학습공동체 특성에 따른 공유와 정착과정 연구. 한국교원교육연구, 33(1), 297-328.

오찬숙(2019). 융·복합시대를 대비하는 학교차원의 융합교육 실행 방안 연구-고등학교 사례를 중심으로. 교육학연구, 57(1), 331-365.

오택근(2016). 수학 수업의 성찰적 실천을 위하여: 학교 안 수학교사 학습공동체 운영 사례 연구. 학교수학, 18(1), 105-126.

오필석(2014). 초등 과학 교사들의 교사 공동체 내에서의 학습의 특징과 인식적 믿음의 변화. 초등과학교육, 33(4), 683-699.

윤정, 조민지, 유경훈, 김병찬(2017). 하늘초등학교 교사학습공동체 운영에 관한 질적 사례 연구. 한국교원교육연구, 34(2), 27-56.

이경진, 최진영(2010). 교육과정 개발을 위한 협력적 실천: 초등교사의 사례를 중심으로. 교육과정연구, 28(2), 91-119.

이미순, 이광호(2015). 소속 학교급과 영재교육 경험에 따른 집단적 교수효능감 및 융합교육 장애요인에 대한 교사인식. 영재교육연구, 25(1), 1-19.

이쌍철(2013). 학교 구성원 간 신뢰에 영향을 주는 요인 분석. 부산대학교. 박사학위논문.

이선경, 황세영(2012). 과학교육에서 융복합 교육에 대한 교사의 인식과 경험 탐색-과학교사 포커스 그룹 논의를 중심으로. 한국과학교육학회지, 32(4), 974-990.

이승현, 한대동(2016). 학교 내 수업연구모임 참여 경험에 대한 질적 연구. 한국교원교육연구, 33(3), 319-344.

이승호, 양민석, 한송이, 허소윤, 박세준, 박대권(2016). 학교 안 교사학습공동체가 학업성취에 미치는 영향: 혁신학교를 중심으로. 교육학연구, 54(2), 85-113.

이은상(2020). 교사 간 협력적 수업 설계모형 개발 연구(T-CID). 한국교원대학교 박사학위 논문.

이은상, 김현진(2019). 수업설계과정에서의 교사 협력 촉진전략 탐색. 교육학연구, 57(2), 119-146.

이은혜(2015). 초등미술과 수업비평 경험에 관한 내러티브 탐구 -동학년 교사학습공동체를 중심으로. 한국초등미술교육학회, 43. 201-229.

이준기, 이태경, 하민수(2013). 교사들의 아이디어 융합 과정에서 나타나는 교역지대의 진화과정탐색: 자율적 학습공동체 "STEAM 교사 연구회" 사례연구. 한국과학교육학회지, 33(5), 1055-1086.

이진숙, 김은주(2019). 융합인재교육 실행의 문제점과 개선방안에 대한 초등교사의 인식. 초등교육연구, 32(3), 327-355.

임은진, 나평순(2018). 지리 교과에서의 융합 수업 설계 및 실천 연구. 사회과수업연구, 6(1), 65-88.

조규락(2003). 구성주의 기반의 학습이론 탐구. 교육공학연구, 19(3), 3-40.

조자경, 박기용, 강이철(2009). 교사의 인식론적 신념과 수업설계 행위와의 관련성 탐색. 교육공학연구, 25(3), 1-33.

정민수(2015). 성찰협력형 수업연구에 대한 실행연구. 열린교육연구, 23(1), 75-104.

정민수(2017). 수업성숙도를 통한 성찰협력과정에 대한 실행연구. 교육방법연구, 29(1), 49-78.

정한호. (2009). 초등학교 교사들의 수업설계 실태에 대한 질적 고찰. 교육공학연구, 25(3), 157-191.

주철안(2002). 단위학교 교육공동체 구축의 원리와 상황적 조건. 교육연구, 12, 45-59.

주현(2016). SNS기반 교사학습공동체에 관한 사례 연구. 평생학습사회, 12(4), 127-150.

천현득(2011). 분산된 인지와 비확장적 마음. 과학철학, 14(2), 121-140.

한정선, 이경순(2005). 협력적 지식창출 과정의 규명. 교육공학연구, 21(1), 29-62.

Artman, H, & Garbis, C.(1998). Team communication and coordination as distributed cognition. Proceedings of 9th Conference of Cognitive Ergonomics: Cognition and cooperation, 151-156.

Armando Paulino, P., & Peter, L.(2012). Three Cases of Teachers' Collaborative Design: Perspectives from Those Involved. Canadian Journal of Science, Mathematics and Technology Education, 12(1), 22-35.

Becuwe, H., Tondeur, J., Pareja Roblin, N., Thys, J., & Castelein, E.(2016). Teacher design teams as a strategy for professional development: The role of the facilitator. Educational Research and Evaluation, 1 – 14.

Bell, P., & Winn, W.(2000). Distributed cognitions, by nature and by design. In D. H. Jonassen & S. M. Land (Eds.), Theoretical foundations of learning environments (pp. 123-146). Mahwah, NJ: Lawrence Erlbaum Associates.

Binkhorst, F., Handelzalts, A., Poortman, C. L., & Van Joolingen, W. R.(2015). Understanding teacher design teams – A mixed methods approach to developing a descriptive framework. Teaching and Teacher Education 51, 213 – 224.

Blandford, A., Furniss, D.(2005). DiCoT: A methodology for applying distributed cognition to the design of team working systems. In: Gilroy, S.W., Harrison, M.D. (eds.), DSV-IS 2005. LNCS, vol. 3941, pp. 26 – 38. Heidelberg: Springer

Branch, R.(1994). Common instructional design practice employed by secondary school teachers. Educational Technology, 34(3), 25-34.

Brouwer, P., Brekelmans, M., Nieuwenhuis, L., & Simons, R. Jan. (2012). Fostering Teacher Community Development: A Review of Design Principles and a Case Study of an Innovative Interdisciplinary Team. Learning Environments Research, 15(3), 319-344.

Brown, J. S., Collins, A., & Duguid, A.(1989). Situated cognition and the culture of learning. Educational Researcher, 18(1), 32-42.

Bryk, A., Camburn, E., & Louis, K. S. (1999). Professional community in Chicago elementary schools: Facilitating factors and organizational consequences. Educational Administration Quarterly, 35(5), 751-781.

Cha, Y.-K., & Ham, S.-H.(2012). Constructivist teaching and intra-school collaboration among teachers in South Korea: An uncertainty management perspective. Asia Pacific Education Review, 13(4), 635-647.

Christina, V., Andri, I., & Panayiotis, Z. (2015). An artifact ecology in a nutshell: A distributed cognition perspective for collaboration and coordination. Human-Computer Interaction, 55-72.

Cordingley, P., Bell, M., Evans, D., & Firth, A.(2005). The impact of collaborative CPD on classroom teaching and learning. Review: What do teacher impact data tell us about collaborative CPD? In Research Evidence in Education Library. London: EPPI-Centre, Social Science Research Unit, Institute of Education, University of London.

Duffy, T. M., & Cunningham, D. J.(1996). Constructivism: Implications for the Design and Delivery of Instruction. In D. H. Jonassen (Ed.), Handbook of Research for Educational Communications and Technology. NY: Macmillan Library Reference USA.

Fischer, G.(2003). Distributed Cognition: A Conceptual Framework for Design-for-All. Proceedings of HCI International 2003, 4, 78-82.

Flor, N., & Hutchins, E.(1991). Analyzing distributed cognition in software teams: A case study of team programming during perfective software maintenance. In J. Koenemann-Belliveau et al., (eds)., Proceedings of the Fourth Annual Workshop on Empirical Studies of Programmers.. Norwood, N.J.: Ablex Publishing.

Fullan, M. G.(1993). Why teachers must become change agents. Educational leadership, 50(6), 12-17.

Gallimore, R., Ermeling, B. A., Saunders, W. M., & Goldenberg, C.(2009). Moving the learning of teaching closer to practice: Teacher education implications of school-based inquiry teams. Elementary School Journal, 109(5), 537–553.

Giere, R. N., & Moffatt, B.(2003). Distributed cognition: Where the cognitive and the social merge. Social Studies of Science, 33, 1–10.

Grant, J. S., & Davis, L. L.(1997). Selection and use of content experts for instrument development. Research in nursing & health, 20(3), 269-274.

Grossman, P., Wineburg, S., & Woolworth, S.(2001). Toward a theory of teacher community. Teachers College record, 103(6), 942-1012.

Gustafson, K. L., & Branch, R. M.(2007). What is instructional design? In R. A. Reiser & J. V. Dempsey (Eds), Trends and issues in instructional design and technology pp.10-16. NJ:Pearson. 노석준, 소효정, 이지연 (2007). 교수설계 공학의 최신 경향과 쟁점. 서울: 아카데미프레스.

Hannafin, M. J., & Land, S. M.(1997). The foundations and assumptions of technology-enhanced, student-centered learning environments. Instructional Science, 25, 167-202.

Hannafin, M. J. and Hill, J.(2006). Epistemology and the design of learning environments. In R. A. Reiser & J. V. Dempsey (Eds), Trends and issues in instructional design and technology pp.74-85. NJ:Pearson. 노석준, 소효정, 이지연 (2007). 교수설계 공학의 최신 경향과 쟁점. 서울: 아카데미프레스.

Handelzalts, A.(2009). Collaborative curriculum development in teacher design teams. (doctoral dissertation), University of Twente..

Hansen, S., & Lyytinen, K.(2009). Distributed Cognition in the Management of Design Requirements. in Proceedings of the 15th Americas Conference on Information Systems, San Francisco, CA, August 6-9.

Hargreaves, A.(1994). Changing teachers, changing times: Teachers' work and culture in the postmodern age. New York: Teacher College Press.

Harris, A.(2003). Behind the classroom door: The challenge of organisational and pedagogical change. Journal of Educational Change, 4(4), 369-382.

Helmane, I. & Briška, I.(2017). What is developing integrated or interdisciplinary or multidisciplinary or transdisciplinary education in school?. Signum Temporis, 9(1), 7-15.

Herrero, C., & Brown, M.(2010). Distributed Cognition in Community-Based Education. Revista de Psicodidáctica, 15(2), 253-268.

Hollan, J., Hutchins, E., & Kirsh D.(2000). Distributed cognition: toward a new foundation for human-computer interaction research. ACM Transactions on Computer-Human Interaction, 7(2), 174-196.

Hord, S. M.(1986). A synthesis of research on organizational collaboration. Educational Leadership, 43(5), 22-26.

Hubers, M. D., Poortman, C. L., Schildkamp, K., Pieters, J. M., & Handelzalts, A.(2016). Opening the black box: Knowledge creation in data teams. Journal of Professional Capital and Community, 1, 41‑68.

Hutchins, E.(1995). How a cockpit remembers its speeds. Cognitive Science, 19, 265-288.

Hutchins, E. and Klausen, T.(1997) Distributed congition in an airline cockpit. In Communication and cognition at work. In D. Middleton & Y. Engeström (Eds.). New York: Cambridge University Press.

Inger, M.(1993). Teacher collaboration in secondary schools. Center Focus, 2(1-4).

James, C., Dunning, G., & Connolly, M.(2007). Collaborative practice: A model of successful working in schools, Journal of Educational Administration, 45(5), 541-555.

Jonassen, D. H.(1999). Designing constructivist learning environments. In C. M. Reigeluth (Eds.), Instructional design theories and models: A new paradigm of instructional theory (pp.215-239). Mahwah, NJ: Lawrence Erlbaum Associates.

Karasavvidis, I.(2002). Distributed Cognition and Educational Practice. Journal of Interactive Learning Research, 13(1), 11-29

Kafyulilo, A.(2013). Collaborative design in teams to develop science and mathematics teachers' technology integration knowledge and skills. (doctoral dissertation), University of Twente.

Kellie, W., & Rochelle, C. (2014). Distributed Cognition in Sports Teams: Explaining successful and expert performance. Educational Philosophy and Theory, 46(6), 640-654

Kirschner, F., Paas, F., & Kirschner, P. A.(2009). Individual and group based learning from complex cognitive tasks: effects on retention and transfer efficiency. Computers in Human Behavior, 25, 306-314.

Kwakman, K. (2003). Factors affecting teachers' participation in professional learning teacher education. Teaching and teaher education, 19(2), 149-170.

Lemlech, J., & Kaplan, S.(1990). Learning to talk about teaching : Collegiality in clinical teacher education. Action in Teacher Education, 12(1), 13-19.

Ligorio, M., Cesareni, D., & Schwartz, N.(2008). Collaborative Virtual Environments as Means to Increase the Level of Intersubjectivity in a Distributed Cognition System. Journal of Research on Technology in Education, 40(3), 339-357.

Ligorio, M. B., & Ritella, G. (2010). The Collaborative Construction of Chronotopes during Computer-Supported Collaborative Professional Tasks. International Journal of Computer-Supported Collaborative Learning, 5(4), 433-452.

Little, J.(1990). The persistance of privacy: Autonomy and initiative in teachers' profesional relations. The Teachers College Record, 91(4), 509-536.

Lortie, D. C.(1975). School teacher: A sociology study. Chicago, IL: University.

Louis, K. S., & Marks, H. M.(1998). Does professional community affect the classroom? Teachers' work and student experiences in restructuring schools. American Journal of Education, 106(4), 532-575.

Maehr, M. L., & Midgley, C.(1996). Transforming school cultures. Boulder, Co: Westview Press.

Marquardt, M. J.(1996). Building the learning organization. New York: McGraw-Hill.

Martin, B. L., & Clemente, R.(1990). Instructional systems design and public school. Educational Technology Research & Development, 38(2), 61-75.

Mattissesch, P. W., & Monsey, B. R.(1992). Collaboration: What makes it work. MN: Wilder Foundation.

McKenney, S., Boschman, F., Pieters, J., & Voogt, J.(2016). Collaborative Design of Technology-Enhanced Learning: What Can We Learn from Teacher Talk?. TechTrends, 60, 385-391.

Meyer, T.(2002). Novice teacher learning communities: An alternative to one-on-one mentoring. American Secondary Education, 31(1), 27-42.

McLaughlin, M. W., & Talbert, J. E.(2006). Building school-based techer learning communities. Professional strategies to improve student achievement. New York: Teachers College Press.

McTighe, J., & Emberger, M. (2006). Teamwork on Assessments Creates Powerful Professional Development. Journal of Staff Development, 27(1), 38-44.

Moallem, M.(1998). An expert teacher's thinking and teaching and instructional design models and principles: An ethnographic study. Educational Techonology Research & Development, 46(2), 37-64.

Mohrman, S. A., & Wohlstetter, P.(1994). Understanding and managing the change process. In S. A. Mohrman, & P. Wohlstetter (Eds.), School-based management: Organizing for high school performance (pp. 253-268). San Fracisco, California: Jossey-Bass Inc.

Moll, L. C., Tapia, J., & Whitmore, K. F.(1993). Living knowledge: The social distribution of cultural resources for thinking. In G. Salomon (Ed.), Distributed cognitions: Psychological and educational considerations (pp. 139-163). New York: Cambridge University Press.

Montiel-Overall, P.(2005). A theoretical understanding of teacher and librarian collaboration(TLC). School Libraries Worldwide, 11(2), 24-48.

Nieveen, N. M. (1997). Computer support for curriculum developers: A study on the potential of computer support in the domain of formative curriculum evaluation. Doctoral dissertation, University of Twente, Enschede, The Netherlands.

Nieveen, N., Handelzalts, A., Van den Akker, J., & Homminga. S.(2005). Teacher design teams: A scenario for school-based curriculum innovation. Paper presented at ECER, Dublin.

Norman, D. A.(1993) Things that make us smart - Defending human attributes in the age of the machine. Reading, Mass.: Addison-Wesley, 1993.

OECD(2018). The future of education and skills: Education 2030. Retrieved from https://www.oecd.org/education/2030/E2030%20Position%20Paper%20(05.04.2018).pdf

Penuel, W. R., Riel, M. R., Krause, A., & Frank, K. A.(2009). Analyzing teachers' professional interactions in a school as social capital: a social network approach. Teachers College Record, 111(1), 124-63.

Pea, R.(1993). Practices of distributed intelligence and design for education. In G. Salomon (Ed.), Distributed cognition. Cambridge: Cambridge University Press.

Pukkila, P. J., DeCosmo., D. C., & Martha S. A.(2007). How to Engage in Collaborative Curriculum Design to Foster Undergraduate Inquiry and Research in All Disciplines. In K. K. Karukstis & T. E. Elgren(Eds), Developing & Sustaining a Research-Supportive Curriculum: A Compendium of Successful Practices, Washington, DC: Council on Undergraduate Research.

Perry, M., & Macredie, R.(1999). Distributed cognition: Investigating collaboration in large and highly complex organisational systems. Brunel University Technical Paper. Available at: ⟨http://www.brunel.ac.uk/~cssrmjp/homefiles/papers/MP_RM.pdf⟩

Quintana, C., Reiser, B. J., Davis, E. A., Krajcik, J., Fretz, E., Duncan, R. G., Kyza, E., Edelson, D., & Soloway, E.(2004). A scaffolding design framework for software to support science inquiry. Journal of the Learning Sciences, 13, 337-386.

Reiser, R. A.(1994). Examining the planning practices of teachers: Reflections on three years of research. Educational Technology, 34(3), 11-16.

Reigeluth, C. M.(1999). What is instruction-design theory and how is it change? In C. M. Reigeluth(ed.), Instructional design theories and models Ⅱ: New paradigm of instructional theory. Mahwah, N. J.: Lawrence erlbaum Associations, Inc.

Reigeluth, C. M., & Carr-Chellman, A. A. (Eds.),(2009). Instructional-design theories and models: Building a common knowledge base (Vol. III). New York: Routledge

Romme, A. G., & Endenburg, G.(2006). Construction Principles and Design Rules in the Case of Circular Design. Organization Science 17(2), 287 - 297.

Sackney, L., Mitchell, C., & Walker, K. (2005). Building capacity for learning communities: A case study of fifteen successful schools. Paper presented at the American Eduational Reserach Association annual meeting.

Salomon, G.(1993). No distribution without individuals' cognition: A dynamic interactional view. In G. Salomon (Ed.), Distributed cognitions (pp.111-138). Cambridge: Cambridge University Press.

Seels, B. B., & Richey, R. C.(1994). Instructional Technology: the Definition and Domains of the Field. Washington: Association for Educational Communications and Technology.

Senn, G. J., McMurtrie D. H., & Coleman, B. K. (2019). Collaboration in the middle: Teachers in interdisciplinary planning. Current Issues in Middle Level Education, 24(1), 5.

Shank, M. J.(2006). Teacher storytelling: A means for creating and learning within a collaborative space. Teaching and Teacher Education, 22(6), 711-721.

Simon H. A.(1981) The Sciences of the Artificial. 2nd Edition. USA: MIT Press.

Sjoer E., & Meirink, J.(2016). Understanding the complexity of teacher interaction in a teacher professional learning community. European Journal of Teacher Education, 39(1), 1-16.

Spector, J. M.(2001). Knowledge management tools for intructional technology. Interactive Educational Multimedia, 3, 27-37.

Spillane, J. P.(1999). External Reform Initiatives and Teachers' Efforts to Reconstruct Their Practice. Curriculum Studies, 31(2), 143-175.

Stahl, G.(2006). Group cognition: computer support for building collaborative knowledge. MIT Press.

Stivers, J. (2008). Strengthen Your Coteaching Relationship. Intervention in School and Clinic, 44(2), 121-125.

Streiner, D. L., & Norman, G. R.(2008). Health measurement scales: A practical guide to their development and use. 4th Edition, Oxford University Press, Oxford.

Supovitz, J. A.(2002). Developing communities of instructional practice. Teachers College Record, 104(8), 1591-1626.

Svihla, V., Reeve, R., Sagy, O., & Kali, Y.(2015). A fingerprint pattern of supports for teachers' designing of technology-enhanced learning. Instructional Science, 43, 283 – 307.

Thousand, J. S., & Villa, R. A.(1990). Sharing expertise and responsibilities through team. In W. Stainback & S. Stainback (Eds.). Support networks for inclusive schooling: Interdependent integrated education. (pp. 123-138). Baltimore : Paul H. Brookes.

Truijen, K. J. P., Sleegers, P. J. C., Meelissen, M. R. M., & Nieuwenhuis, A. F. M. (2013). What Makes Teacher Teams in a Vocational Education Context Effective?: A Qualitative Study of Managers' View on Team Working. Journal of Workplace Learning, 25(1), 58-73.

Willis, J. W. (2009). Constructivist instructional design: Foundations, models, and examples. NC: Information age publishing.

Witterholt, M., Goedhart, M., & Suhre, C. (2016). The impact of peer collaboration on teachers' practical knowledge. European Journal of Teacher Education, 36(1), 126-143.

Young, A. C., Reiser, R. A., & Dick, W.(1998). Do superior teachers employ systematic instructional planning procedures? A descriptive study. Educational Technology Research and Development, 46(2), 65 – 78.

Vescio, V., Ross, D., & Adams, A.(2008). A review of research on the impact of professional learning communities on teaching practice and student learning. Teaching and Teacher Education, 24(1), 80-91.

Velthuis, C.(2015). Collaborative curriculum design to increase science teaching self-efficacy. (doctoral dissertation), University of Twente, Enschede, The Netherlands.

Voogt, J. M., Westbroek, H., Handelzalts, A., Walraven, A., McKenney, S., Pieters, J., & De Vries, B.(2011). Teacher learning in collaborative curriculum design. Teaching and Teacher Education, 27, 1235 – 1244.

Zhang, J.(1998). A Distributed Representation Approach to Group Problem Solving. Journal of American Society of Information Science 49(9). 801 –809.